imprimé
chez 'c 'duverger,
rue de 'verneuil n. 4.

typographie économique,

ou

l'art de l'imprimerie

mis à la portée de tous, et applicable aux différens
besoins sociaux.

'ouvrage
composé et imprimé
par 'le 'c^e 'c. 'p. de 'lasteyrie,

'paris.
'chez l'auteur. rue de 'grenelle 's. 'g. n. 59.

____

1 8 3 7.

(1)

'typograpie économique,

adaptée à l'usage et aux besoins
des diverses classes de la société.

'condorcet, dans son esquisse des progrés de l'esprit humain, dit que le moment viendra où l'on découvrira une manière d'imprimer plus simple et plus facile que la typographie ordinaire. 'en attendant qu'un problème d'une si haute importanse soit entièrement résolu, nous présenterons quelques méthodes qui donneront à la publication des écrits une bien plus grande étendue, et pourront être employées selon la commodité, les besoins et les circonstances où chacun se trouvera. 'le public jugera, par l'inspection de cet écrit, entièrement confectionné d'après ces procedes, et mieux encore, par l'essai et la pratique, quel degré d'utilité il peut en retirer. 'comme étre la publication des écrits relatifs aux sciences, aux arts, à la littérature, à l'industrie, aux relations commerciales et à d'autres besoins progréssifs, nous croyous que ce nouveau mode d'imprimerie, lorsqu'il sera assez connu pour se generaliser, trouvera un grand nombre d'applications, qui contribueront puissamment à répandre les lumières dans la classe populaire, à accroitre les relations sociales, ainsi qu'à hâter les progrès de la civilisation.

'chaque jour les industriels, les commerçants et les gens d'affaire de tout genre adressent à leurs correspondans des circulaires, publient des avis, des listes de marchandises, ils font imprimer des prospectus, des factures, des adresses, des etiquettes, etc. 'ils pourraient, avec une presse economique, executer eux-mêmes, ou avec le secours de leurs employés, ces différentes impressions, non seulement à beaucoup meilleur marché, mais aussi d'une manière plus expéditive et plus commode. 'les savants, les litterateurs, trouveront dans ce genre d'imprimerie la facilité de publier, sans avoir besoin de recourir à un imprimur, non seulement des mémoires et autres compositions de peu d'étendue, mais aussi des ouvrages d'un ou de plusieurs volumes.

'les parents aisés, qui sont assez avisés pour faire apprendre à leurs enfants un art mechanique, ne sauraient en trouver un qui leur convient mieux, d'autant que c'est un moyen facile et prompt d'apprendre l'ortographe.

'enfin l'appareil dont se compose une imprimerie économique est si simple et si peu volumineux qu'il peut se transporter facilement à la campagne. 'il serait aussi d'une trés-grande utilité dans les régimens, soit en temps de guerre, soit en temps de paix. 'il ne présente pas moins d'avantages anx administrations publiques, surtout dans les petites villes de nos départemens. 'on trouve, dans plusieurs villagesdes 'états-'unis de l''amérique, des imprimeries ordinaires qui publient des journaux et autres écrits. 'il ne serait pas moins utile d'avoir des imprimeries économiques dans nos campagnes où les habitans sont privés de tout moyen de communication, non seulement pour les objets qui concernent leurs intéréts matériels, mais aussi leur instruction. 'on pourrait ainsi imprimer des annonces de tout genre, qu'on afficherait à la porte des églises, sur les marchés, et faire circuler parmi les cultivateurs et les ouvriers les faits qu'il leur importe de connaître et les notions qui peuvent contribuer à l'amélioration de leur existance physique, morale et sociale (1).

'n. 'b. 'nous avons interligné cette page pour démontrer que l'emploi des interlignes ne s'oppose pas à la confection des moules et des clichets. 'si nous n'avons pas fait usage des interlignes dans le cours de cet écrit, c'est afin de renfermer plus de matiére dans un moindre espace. 'c'est par la même raison que nous avons adopté une grande justification. 'mais nous conseillons aux personnes qui commencent à s'exercer dans la composition typographique d'employer les interlignes; on trouvera plus de facilité pour ranger et contenir les caractéres.

---

(1) 'il serait facile, par exemple, aux propriétaires qui habitent les campagnes, de répandre l'instruction parmi les classes ouvrieres, en imprimant une petite feuille hebdomadaire, qu'ils feraient distribuer dans les villages environans. 'au moyen de ce journal que l'on pourrait même vendre, à raison d'un sol le numéro

chapitre i.^r (1).

quantité de caractéres nécessaires pour monter une typographie économique.

le systéme d'impression, que nous désignons sous le nom de typographie économique, que nous avons conçu, et que nous avons cherché à mettre à la portée de tous, en rendant l'art plus simple, plus facile et bien plus économique, consiste 1°, à banir les assortimens d'alphabets, de caractéres et de signes qui ne sont pas d'une nécessité absolue, pour rendre la lecture aussi facile qu'elle l'est dans l'imprimerie ordinaire; 2°, à réduire, le seul genre de caractére conservé, au moindre nombre possible; car, il n'est pas question ici d'imprimer avec l'élégance et la recherche qui constituent les chef-d'œvres de l'art; mais il suffit de former des pages et méme des volumes entiers, d'une maniére simple, et en méme temps réguliére. ainsi, au lieu de 80 espéces de caractéres de differents corps, formes ou dimensious, employées dans une imprimerie bien montée, et plus de 34 alphabets et de leitres dites de deux points ou majuscules, on n'a consevé q'une seule espéce de lettre, ayant le méme corps. j'ai donc exclu de la typographie économ-

on donnerait au peuple, non seulement les nouvelles les plus intéressantes, mais aussi une foule de notions sur l'agriculture, sur l'économie domestique, sur l'hygiéne, sur l'histoire, la géographie, tce.

(1) la premiére page de cet écrit est composée avec le caractére n° 9, désigné en typographie sous le nom de petit romain. les suivantes le seront avec le caractére n° 11 ou cicero. il serait plus difficile d'obtenir des moules aussi parfaits, et par consequent des clichets bien formes, si l'on employait un corps de lettre

(3)

ique les espéces de caractéres dont elle peut se passer
sans inconvénient, tels que l'italique, la ronde, la bâ-
tarde, la coulée, la gotique, les lettres d'ornement et de
différents points ou grosseurs, les chiffres romains, etc
'j'ai supprimé également les crochets, les accolades, les
vignettes et différents autres signes, en usage dans la
typographie. 'pour suppléer aux capitales, je place une
apostrophe au devant de l'initiale des mots qui commencent une phrase, un vers, ou l'initiale des noms propres, etc. 'je caractérise le titre d'un écrit, en espaçant
les lettres, plus ou moins, selon que les mots doivent
se faire remarquer à l'œil. 'je mets, entre deux «, les
passages qu'on a coûtume de composer en lettres ita-
liques. 'un seul, ou plusieurs mots, peuvent étre ca-
ractérisés en éspaçant plus ou moins les lettres qui entrent dans leur composition; tels sont les noms propres, ou les petites phrases, sur lesquelles on voudroit
fixer plus particuliérement l'attention du lecteur.

'nous ne nous sommes pas contentés de retrancher
les caractéres de différentes formes et grandeurs dont
on fait usage habituellement dans les imprimeries:
nous avons, en outre, réduit considérablement la quantité numérique du caractére unique qui suffit au systéme d'imprimerie que nous présentons au public. 'en
effet, on peut, dans ce systéme, composer successivement, page par page, un ou plusieurs volumes en ayant
seulement 3094 lettres, aux quelles il faut ajouter les
chiffres, au nombre de 150, les caractéres de ponctua-

plus petit. 'je conseillerai d'employer le cicéro dont la
dimension se préte mieux à la composition, pour les
personnes qui n'ont pas encore pratiqué ce genre de travail: il permet d'ailleurs de r안fermer assez de matiére
dans chaque page.

4

tion et autres signes, s'élevant à 290, total, 3535: ce qui forme un poids de 10 livres environs. 'on peut même, avec ce nombre, composer prés de 2 pages; il en faudrait méme beaucoup moins, si l'on se servait de plus gros caractéres, ou que l'on employat une justification moins grande : tandis que dans une imprimerie ordinaire, où l'on ne voudrait faire marcher qu'ne presse, on aurait besoin de 200,000 caractéres de toutes sortes qui donnent un poids de mille livres. 'mais comme on ne peut composer que 1 ou 2 pages avec un si petit nombre de caractéres, il est nécessaire de décomposer la premiére pour en composer un seconde et ainsi des suivantes; sans cela on serait obligé de tirer page par page; opération trés-longue, sur-tout s'il s'agissait d'imprimer un volume, ou méme 10,20,30 pages; ce qu'on évitera en formant, ainsi que nous le dirous dans un autre chapitre, des clichets que l'on peut tirer 2 à 2, 4 à 4 et méme 8 à 8, lorsqu'on a une presse assez grande pour cette opération. 'aprés avoir tiré un certain nombre de clichets, on peut les fondre pour en former d'autres: à moins qu'on ne préfére les garder, dans le cas où l'on croiroit avoir besoin, plus tard, de recommencer un nouveau tirage

'l'on voit, d'aprés ce qui vient d'étre exposé, que l'art, ainsi modifié, se trouve singuliérement simplifié; que les caractéres et les autres objets nécessaires à l'exécution sont peu nombreux et peu couteux, ainsi qu'on le démontrera plus bas. 'il sera donc facile à tout particulier de se procurer une imprimerie économique, d'en faire usage selon sa convenance, sans avoir recours à des imprimeurs de profession; ce qui deviend a moins couteux, et souvent plus expéditif, surtout pour les personnes qui vivent à la campagne·

'c h a p i t r e a.

'i n s t r u m e n t s, m a c h i n e s e t o b j e t a
n é c e s s a i r e s p o u r u n e i m p r i m e r i e
é c o n o m i q u e (1).

1° 'c a s s e à c a r a c t é r e s. 'la casse est une boîte à compartiments, dans la quelle on dispose les caractéres d'imprimerie de maniére à reconnaître au premier coup d'œil la case où ils se trouvent placés.

'nous avons eu égard, dans la formation de celle dont nous donnons la figure et les proportions; 1° au nombre respectif de chaque caractére, selon qu'il revient plus ou moins fréquemment dans la composition; 2° à l'ordre qui peut en désigner la place, dés la premiére inspection. 'ainsi dans la casse figurée à la planche 1, l'on voit que la rangée supérieure des cassetins, au nombre de douze, est occupée, du côté gauche, par les cinq premiers chifres, et du côté droit, par les cinq derniers chifres; et que cette série de chifres se trouve séparée par un double cassetin déstiné à placer les cadrats, ou les cadratins employés à former le blanc des alinéas, ou celui des titres: au moyen de cette séparation, l'œil et la main se portent, sans hésiter, sur le chifre dont on a besoin.

'la rangée suivante contient du côté gauche les cinq voyelles accentuées, tandis que le côté droit est reservé pour les cinq doubles lettres: ces deux séries de lettres sont séparées par le cassetin où l'on place des cadratins ou des cadrats. 'les voyelles a e i o u occupent le milieu de la casse, et se suivent en commençant par la gauche, revenant sur la gauche, et descendant jusqu'à l'u. 'les autres lettres ont été distribuées, autant que

(1) voyez les planches à la fin de l'ouvrage.

possible, dans l'ordre qu'elles occupent dans l'alphabet, sauf les changemens nécessités par les dimensions qu'il a fallu donner aux cassetins destinés aux lettres qui doivent se trouver en nombre plus considérable. 'les caractéres de ponctuation ont été placés, excepté la parenthese et l'astérisque *, dans les cassetins de la rangée inferieure. 'on a facilité leur reconnaissance, en les séparant par un cassetin longitudinal dans le quel on dépose deux pointes, une pince et une petite régle en fer. 'les cassetins, situés à droite, au dessus de la rangée inférieure, sont destinés à recevoir des espaces de différentes épaisseurs, employés pour séparer les mots, et pour justifier les lignes, c'est à due, pour leur donner une longueur égale. 'on a réservé sur le côté droit un cassetin longitudinal pour placer les inter-lignes qui servent, non seulement à séparer les lignes, mais aussi à former le blanc des titres, à défaut de qua-dratins. 'on place aussi dans le même cassetin les ré-glets, les filets d'ornement. 'les petis filets peuvent se ranger dans le cassetin de côté, dans le quel se trouve la lettre q.

'la figure placée à la fin de cet écrit fera concevoir la distribution de casse que nous avons établie: l'on re-connaîtra, par l'usage, qu'elle est combinée de maniére à rendre la composition facile et expéditive. 'chaque cassetin porte, dans cette figure, la lettre qui lui est destinée ou l'indication de l'objet qu'elle doit contenir. 'elle a intériéurement 1 pied 10 poucés de long, sur 15 pouces de large; sa profondeur intérieure est de 9 lignes. 'on peut la construire en bois ou en carton. 'on fera bien de coller, dans la partie supérieure de chaque cassetin, sur le côté qui fait face au composi-teur, le caractére qui lui est destiné, ce qui facilitera la recherche des caractéres.

2° 'c a r a c t é r e s. 'on entend par ce mot, non

seulement les lettres qui servent à composer les mots
du discours, mais aussi les signes ou figures qui entrent
dans l'impression des livres. 'ce sont de petits parallé-
lipipédes à l'extrémité des quels se trouvent les lettres
ou des signes. 'on compte pour les imprimeries ordinaires jusqu'à 80 espéces de caractéres de dimensions
et de formes différentes, nombre qui peut étre réduit
à un seul dans l'imprimerie économique. 'mais ce caractére peut étre lui-méme réduit à un trés-petit nombre de lettres, lorsqu'on se contente de n'imprimer
qu'une page à la fois, ou que l'on forme des clichets
pour chaque page; ce qui permet, non seulement d'en
tirer plusieurs d'un seul coup de presse, mais aussi
d'en reproduir de nouvelles, lorsque les premiéres
n'ont pas été tirées en nombre suffisant, ainsi que
nous l'avons fait observer. 'on sait que dans l'écriture
certaines lettres reviennent plus souvent les unes que
que les autres. 'l'éxpérience a appris à connaître la
proportion dans la quelle chaque caractére reparait
plus souvent. 'c'est d'aprés cette expérience qu'on a
déterminé le rapport numérique de caractéres qu'il
faut avoir dans une imprimerie, d'aprés leur usage
présumé; c'est ce qu'on nomme p o l i c e. 'nous renvoyons le lecteur à la fin de cet ouvrage où il trouvera la police qn'exige notre imprimerie économique, non
seulement pour la langue francaise, mais aussi pour
l'anglais, l'allemand, l'italien et l'espagnol; car elle va-
rié dans chaque langue. 'il suffira donc d'avoir des
caractéres, dont les proportions et le nombre seront
indiqués.

'si l'on choisit le n° 9 ou petit romain, pareil à celui dont est composée la premiére page de cet écrit, on
aura, d'aprés la police que nous donnerons, la quantité de caractéres nécessaires pour imprimer un
peu plus d'une page, tandis que si l'on prend le n° 11

(8)

ou c i c é r o, on poura composer une page et demie.
'nous ne conseillons pas de faire usage d'un caractére
plus petit que le n° 9; l'opération du moulage présen-
terait beaucoup plus de difficultés. le numéro intermé-
diaire entre les deux que nous venons d'indiquer, c'est
à dire le p h i l o s o p h i q u e, peut aussi convenir:
il permet d'insérer beaucoup plus de matiére dans le méme format qu'on ne ferait en se servant du c i c é r o.
'ce caractére fournit un peu moins de matiére dans une
page; mais il est un de ceux dont le prix est le plus
bas: 7 à 8 livres, y compris les quadrats, quadratins,
etc. suffisent pour monter une imprimeri économique.

's i g n e s et autres p i é c e s employées dans l.
composition. 'outre les lettres et les chiffres, on se
sert de différentes piéces indispensables pour coor-
donner la composition du discours, rendre la lecture
plus distincte etc. 'ainsi on emploie divers signes, tels
que guillemets, parenthéses, étoiles, et autres; les uns
pour un usage courant, au nombre de 38, et les autres
appliqués spécialement anx siences et aux arts.

'e s p a c e s, q u a d r a t s, q u a d r a t i n s, interlignes, reglets, filets, d'ornément etc. 'les espaces ont
destinés à former les intervalles entre les mots. 'ce
sont de petites lames de métal, plus courtes de 4 lignes
et de même largeur que le corps des caractéres
aux queis ils sont destinés. 'les espaces ont difié-
rentes épaisseurs: on doit en avoir de 4 ou 5 degrés;
ils servent aussi à justifier les lignes, c'est à dire à
leur donner une égale longueur. 'les quadrats ont la méme épaisseur que le corps du caractére. 'ils servent à
former le blanc des lignes qui ne sont pas entiérement
remplies par les mots. 'on les emploie aussi pour
remplir le blanc des titres, ou celui des têtes de chapitres. il iaut en avoir de différentes largeurs, de 3
lignes à 6 ou 7. 'les quadratins sont carrés, ayant

l'épaisseur du corps de la lettre, et 4 lignes d'élévation en moins. 'on les emploie au commencement des articles et des alinéas. 'on a aussi des demi-quadratins, qui facilitent le remplissage des vides ou blancs.

'les i n t e r l i g n e s sont des lames métalliques plus basses que les lettres et peu épaisses, que l'on place entre chaque ligne. 'ils peuvent servir pour former les blancs des titres d'un ouvrage ou ceux des têtes de chapitres. 'les r é g l e t s sont des lames métalliques, avec la différence qu'ils ont la même hauteur que l'œil de la lettre. 'ils sont employés pour former les lignes mises au dessous des notes, ou à la tête des chapitres. 'les f i l e t s usités dans les titres et au commencement ou à la fin des chapitres, sont des lames de métal qui présentent une espèce d'ornement. 'les demi-filets sont destinés au même usage.

'c o m p o s t e u r; c'est un instrument dont se servent les compositeurs en imprimerie pour placer les caractères, à mesure qu'ils les prennent dans la casse. 'il est formé de deux lames jointes en équerre par un fond fixe, placé à l'une des extrémités. 'il est muni d'un second fond à coulisse, qu'on rapproche ou qu'on éloigne à volonté, selon la justification ou la longueur que l'on veut donner aux lignes. 'on le fixe avec une vis de pression.

'p o i n t e et p i n c e s; on doit se pourvoir de ces deux instrumens pour enlever les lettres, en faisant les corrections nécessaires.

'g a l é e; c'est une petite planche de 4 à 5 lignes d'épaisseur, plus grande que le format dans le quel on compose. 'on fixe sur deux de ses bords, à angle droit, deux tringles de 4 à 5 lignes d'épaisseur, destinées à retenir par le bas et sur l'un des côtés, les lignes à mesure que le compositeur les enlève par paquets du composteur.

'c h a s s i s ou r a m e t t e; ce châssis en fer est formé à angle droit, ayant, lorsqu'on le destine à ne mettre en forme qu'une seule page in 8°, environ une longueur intérieure de sept pou. et demi à huit et demi,
sur une largeur de cinq pou. à cinq pou. et demi: le
châssis a neuf à dix lignes de largeur sur quatre à cinq
d'épaisseur. 'il doit être dressé de manière à ce qu'il
porte également, lorsqu'on le pose sur une surface plane; les bords intérieurs doivent être parallèles et unis.

'cette ramette sert à contenir, au moyen de petits tasseaux et de coins en bois, la composition d'une page,
soit qu'on veuille en tirer des épreuves, soit qu'on
veuille s'en servir pour prendre un moule et former un
clichet. 'les caractéres ainsi fortement pressés les uns
contre les autres restent immobiles dans la ramette.

'b r o s s e à m o u l e r; on s'en sert pour faire pénétrer dans l'œil des lettres le papier qui recouvre le
moule; la partie garnie de poils est longue de 3 pouces
et large de 8 à 9 lignes: son manche, un peu recourbé,
a une longueur de 3 pouces.

't e r r e a r g i l e u s e; j'emploie pour former les
moules l'argile usitée à 'paris dans les travaux hydroli-
ques, et dont les sculpteurs se servent pour modeler
les statues et les bas-reliefs. 'toute espéce d'argile est
bonne, lorsqu'elle ne contient point de sable qui pou-
rait endomager les caractéres. 'c'est pour quoi il est
bon de la piler et de la passer dans un tamis fin.

'p e t i t r o u l e a u à m o u l e r; il est destiné,
on le dira plus bas, à comprimer la terre argileuse et
à la faire entrer dans l'œil des lettres. 'il doit avoir,
pour les formats in-8°, environ 4 pouces de long et 1
pouce de diamétre, et être tourné bien également dans
toute sa longneur.

'p l a q u e s e n t o l e; lorsqu'on a formé le moule
ou matrice qui doit reproduire une page identique avec

celle qu'on a composée en caractéres mobiles, ce qu'on désigne sous le nom de clichet; il est nécessaire de contenir ce moule entre deux plaques de tôle, de maniére à laisser un vide qui doit recevoir le métal en fusion, vide qui détermine l'épaisseur du clichet. 'on cole, pour l'obtenir, sur les bords intérieurs du moule, aux deux côtés et à la partie inférieure, des bandes de carton larges de 5 lignes et épaisses d'une ligne. 'la dimension des plaques dont je fais usage pour le format de cet ouvrage, est de 7 pouces 9 lignes de long, sur 4 po. 4 li. de largeur: elles doivent avoir 3 à 4 li. d'épaisseur, afin qu'elles ne puissent fléchir.

'sergent; c'est un instrument en fer, garni dans sa partie inférieure, d'un crochet à angle droit long de 9 à 10 lignes, et dans sa partie supérieure d'une vis de pression, ayant 1 pouce et demi de jeu. 'il est nécessaire d'en avoir quatre, afin de comprimer le moule entre deux plaques de tôle, assés fortement, pour que le métal en fusion ne puisse s'échaper. 'on les place snr les côtés, deux vers le bas et deux vers le haut. 'on peut employer des étaux à main, lorsqu'ils ont assés d'ouverture.

'cuillers; il faut en avoir deux en fer, l'une assés grande pour faire fondre le métal des clichets; l'autre petite, pour enlever de la superficie du métal les impuretés ou l'oxide qui s'y forme.

'métal à clichet; on se procurera les deux métaux qui entrent dans l'alliage dont se composent les clichets, ainsi que nous l'expliquerons plus bas.

'scie; on aura besoin d'une petite scie pour retrancher la portion inutile de métal qui se trouve à la partie supérieure du clichet aprés la fonte.

'piere à encre; on doit se munir d'une piere pour étendre le noir d'impression. 'il suffit qu'elle ait 8 pouces de longueur sur 7 de largeur.

'rouleau à encre; on se sert pour encrer les
caractéres d'un rouleau à poignée, pareil à celui en
usage dans les imprimeries et dan les lithographies.
'il est formé d'un cylindre en bois, garni au centre
de ses deux extrémités de chevilles ne fer, qui roulent
dans un trou pratiqué à chaque bout, et d'une armure
en fer, au milieu de la quelle est fixée une poignée. 'ce
rouleau est garni de 2 ou 3 tours de flanelle, et d'une
peau de veau ou de mouton, bien unie. 'il doit
avoir 7 pouces de long, sur un diamétre de 2 pouces et demi. 'aprés avoir mis, sur un marbre ou sur
une piere dure, une petite quantité d'encre, on l'étend
avec le rouleau. 'il suffit de le passer quatre ou cinq
fois dans le sens longitudinal des lignes. 'l'encrage
ne s'effectuant pas aussi bien, lorsqu'on dirige le rouleau du haut en bas de la page.

'encre d'imprimerie; on trouve à acheter cette
encre chés les marchands, ou dans les imprimeries. 'ce
n'est autre chose que de l'huile de lin, épaissie à une
certaine consistence, par l'ébullition, ou en la faisant
bruler et en la mélangeant avec du noir de fumée.

'presse à tirer les feuilles; le tirage peut
se faire avec différentes espéces de presses. 'on conçoit
que les presses typographiques sont celles qui doivent
être préférées, lorsqu'on en trouve à sa disposition. 'les
presses en taille douce peuvent aussi être employées,
ainsi que les presses dites anglaises, en usage pour
tirer copie des lettres, mais elles ne peuvent servir
que pour les clichets, n'ayant pas assés d'espace entre
les cylindres. 'il est même bon de garnir le cylindre
supérieur de quelques tours de flanelle ou de papier.
'enfin il sera facile, en cas de besoin, de tirer des formes et surtout des clichets avec toutes les presses à cylindre usitées dans différents arts. 'il suffira de les dis-
poser pour cet objet, et de placer les caractéres ou

les clichets sur une planche. 'j'ai fait construire **une presse** propre à lisser le linge, fort simple **et peu dis**pendieuse, trés propre à l'imprimerie économique. 'elle peut d'ailleurs servir dans un ménage à d'autres usages.

'nous allons indiquer différents moyens de tirer, dans le cas où l'on ne pourrait se procurer aucune des presses dont nous venons de parler.

'r o u l e a u d' i m p r e s s i o n ; ce rouleau est en bois, long de 4 pouces et demi à 5 pouces, du diamétre de 3 pouces; ayant à chacune de ses extrémités une poignée longue de 4 pouces, et pareil aux rouleaux de lithographie.

'on pourra employer, quoique avec moins d'avantage, un rouleau de moindre diamétre, tel que celui à encrer, dont nous avons parlé. 'ces rouleaux doivent étre revétus de deux tours de molleton, ou de 3 à 4 tours de flanelle, bien serrés. 'chaque tour doit étre cousu bout à bout. 'on obtiendra encore un tirage plus net, si l'on met par dessus la flanelle un tour d'une étoffe de soie unie, telle que du tafetas.

'b r o s s e d' i m p r e s s i o n ; on obtient une impression assés régulière, en frappant le papier, posé sur les caractéres, avec une brosse à poils de sanglier trésraprochés les uns des autres. 'on peut lui donner 5 po. de longueur sur 2 de largeur, et si l'on veut, la garnir d'un manche long de 5 pouces. 'cette impression ne présente cependant pas des épreuves aussi noires, que lorsqu'elle est faite à la presse ou au rouleau. 'on donnera un ton plus noir à l'impression en entourant la brosse d'un morceau de drap.

'a m i d o n ; on peut aussi tirer des épreuves trésnettes, avec un sac en peau, rempli d'amidon qu'on fixe sur une planchette. 'on forme ce sac, en cousant à points trés-rapprochés, de la peau de mouton ployée en deux, en lui donnant la longueur et la largeur de la planchette, c'est à dire, de 4 pou. et demi sur 3 po. 'on lui laisse des rebords assés grands, pour qu'on puisse la fixer au moyen d'une rainure pratiquée au quatre coins de la planchette. 'on serre fortement, avec une ficelle, les bords de la peau, qui entrent dans la rainure, de sorte que le sac reste fixé contre la planchette. 'on adapte du côté opposé, sur son centre, une poignée au moyen de laquelle on frappe verticalement et en 3 ou 4 coups le papier posé sur la forme ou sur le clichet.

'b a t t o i r g a r n i d e d r a p; j'ai obtenu d'assés bonnes épreuves, en frappant successivement le papier avec un battoir, revêtu de six doubles de drap ordinaire. 'ce battoir est formé d'une planchette disposée comme la précédente, ayant les mêmes dimensions, et sur laquelle le drap est fixé par le même moyen.

'p r e s s e e n t a i l l e d o u c e; cette espéce de presse qui se compose de deux cylindres en bois, peut être employée avec succés dans l'imprimerie économique: mais comme ces cylindres sont trés-rapprochés l'un de l'autre, il n'est pas possible de tirer une forme, à cause de l'élévation des caractéres. 'on tirera facilement les clichets, en les fixant sur une planche d'égale épaisseur, en disposant sur la planche un timpan, ou carton mince, destiné à recouvrir le pourtour des clichets, qui se salissant à l'encrage, doivent être couverts avant de poser le papier. 'on étendra sur ce dernier une piéce de molleton, ou de de flanelle. on pourra aussi coller, sur le rouleau supérieur, des hausses en papier, pour faire mieux ressortir les endroits des clichets qui ne viennent pas suffisamemnt noirs.

'p r e s s e a n g l a i s e; cette presse, ainsi que toutes celles qui ont deux cylindres, peuvent servir, comme la précédente, pour tirer des clichets. 'jai fait de trés-bons tirages avec cette presse. 'il suffit de les ajuster pour cet objet. 'le cylindre supérieur étant de métal, il est bon de l'envelopper de quelques tours de papier, que l'on fixe, sur l'extrémité, avec un peu de colle. 'on peut, comme nous venons de le dire, faire ressortir, avec des hausses, les parties qui se trouveraint trop pâles; ce qui peut arriver, l'orsque le clichet, n'ayant pas été fait avec tout le soin nécessaire, présente des inégalités.

'parmi les divers moyens de tirage dont nous venons de parler, nous recommandons, aux personnes qui se trouveraient dans l'impossibilité de se procurer une presse, ou qui ne pourraient pas en faire l'acquisition, le procédé de tirage avec de l'amidon, qui donne des épreuves bien noires, quoiqu'elles ne soient pas aussi égales qne celles qu'on obtient avec une bonne presse. 'mais chacun, dans quelque lieu qu'il se trouve, peut faire confectionner un sac de peau dans lequel on met de l'amidon, et une petite planchette au dessus de laquelle on adapte une poignée. 'on peut, si l'on veut, remplacer l'amidon par du sable qui produira le même effet: mais il faut que ce dernier soit extrémement fin.

'taquoir; on donne ce nom à une planchette de bois tendre. 'elle peut varier dans ses dimensions: celle dont je me sers a 3 pouces et demi en tout sens. 'elle doit avoir 8 à 10 lignes d'épaisseur, et élre parfaitement unie sur son plan inférieur. 'elle sert à abaisser les lettres qui peuvent se trouver plus élevées les unes que les autres, avant qu'elles ne soient entiérement serées; on la frappe de quelques coups de marteau. 'ce taquoir est aussi employé à faire les moules, ainsi que nous l'expliquerons plus bas.

'c h a p i t r e 3 .

'composition, correction, distribution.

'composer c'est assembler les lettres les unes aprés les autres, pour en former des mots, des lignes, des pages et des feuilles. 'à cet éffet le compositeur établit devant lui, dans une position inclinée, la casse dont on vient de parler, afin de voir plus facilement le caractéres placés dans les cassetins. 'les compositeurs sont obligés, dans les imprimeries ordinaires, de se tenir debout, afin de pouvoir porter de suite la main dans les différentes parties de la casse, qui a une étendue et une largeur bien plus considérables que celles dont on a besoin dans l'imprimerie économique. 'il est donc facile de composer commodément étant assis, en plaçant cette derniére sur une table, et lui donnant une inclinaison au moyen d'un corps quelconque placé au dessous.

'le compositeur pose sa copie à côté de la casse ou dans tout autre endroit à sa commodité. 'il indique sur la copie, avec une marque quelconque, la ligne sur laquelle il travaille. 'il tient le composteur de la main gauche un peu relevée à son extrémité anterieure, de maniére à ce que les lettres et les espaces, à mesure qu'il les pose, puissent couler facilement, sans se renverser d'aucun côté. 'aprés avoir lu 3 ou 4 mots de la copie, il saisit la lettre par la téte, observant le côté où est placé le cran, afin de la poser sur le composteur dans le sens où elle doit se trouver; c'est à dire, l'œil en dehors, le cran en bas et en dessous, en commençant par la partie du composteur où est placée la coulisse. 'il maintient les caractéres dans cet état. 'pour composer avec précision et célérité, les yeux doivent être fixés sur les cassetins et sur les caractéres, qu'il faut saisir avec rapidité et du premier coup, sans être obligé de les regarder, pour chercher l'œil de la lettre ou le cran, aprés les avoir enlevés. 'on gagne ainsi beaucoup de temps. 'on ne doit jetter les yeux sur le composteur que lorsqu'un caractére s'est dérangé; ce qu'on reconnait avec le pouce qui touche légérement les caractéres, en avançant, à mesure qu'on les place. 'il faut les faire couler sur le composteur, les appuyer par leur bout inférieur sur le caractére précédent, et les lacher de maniere à ce qu'on entende le bruit qu'ils font en tombant sur le fond du composteur. 'toutes ces opérations doivent étre exécutées avec aisance et avec toute la rapidité possible. 'aprés quelques jours d'usage, et quelque attention, on parviendra à composer avec facilité. 'un ouvrier d'une habileté ordinaire compose, dans l'espace de dix heures, 5 à 6 pages in 8° format cicéro.

'on place entre chaque mots un espace moyen ou deux minces. 'on continue, aprés avoir formé une ligne, de composer la suivante sur la précédente. 'lorsqu'une ligne n'est pas assés remplie, et qu'il ne reste pas un vide suffisant pour y faire entrer une ou deux syllabes du mot suivant, jointes par un trait de division, on justifie la ligne, c'ast à dire, qu'on la remplit avec des espaces plus ou moins épais, que l'on place entre les mots; car toutes les lignes doivent étre également espacées. 'mais il faut lire la ligne avant de la justifier, et corriger les erreurs qui peuvent se trouver. 'si l'on étoit obligé de quiter l'ouvrage avant d'avoir terminé une ligne, on la remplirait avec des cadrats. 'il est à propos, afin de mieux retrouver l'endroit où l'on a cessé la composition, de faire une marque au crayon ou à l'encre sur la copie. 'on peut placer sur la galée chaque ligne aussitôt qu'elle est terminée. 'quant à moi je compose six lignes dont je forme, sur le composteur, un paquet que j'assujetis entre deux interlignes mé-

tallique et que je lie avec une ficelle: je le fais en suite glisser sur un morceau de papier dont je reléve les
bords, lorque je veux le transporter, ou le mettre en
page, ce qui empéche les caractéres de s'echapper.
'je place ainsi successivement ces paquets dans la ramette, aprés avoir posé celle-ci sur un marbre ou sur une
planche bien unie; je place les bois du haut et ceux
les côtés; je soustrais les papiers et, pressant les paquets
les uns contre les autres, j'enléve avec précaution les
ficelles et les interlignes qui les assujetissent, en appuyant les côtés sur les bois. 'cette opération demande une certaine adresse: c'est pourquoi il sera plus
prudent de mouiller les caractéres; on leur fait contrac-
ter ainsi une adhérence qui les retient les uns contre
les autres. 'les bois de marge doivent avoir en épaisseur une ligne un quart de moins que la hauteur du
caractére employé, afin d'obtenir un moule dont les rebords soient élevés de la méme hauteur au dessus de
l'empreinte formée par les caractéres. 'il faut donner à
ces bois de marge 8 ou 9 lignes de largeur, afin qu'ils
soient propres à recevoir les marges du moule. 'les
bois, placés sur les deux côtés de la forme, doivent a-
voir une longueur qui dépasse celle de la forme d'un
pouce et demi, tandis que les deux qui soutiennent le
haut et le bas de la page, et qui sont placés entre les
premiers, ne doivent pas dépasser sa largeur, c'est à dire, avoir tout au plus la longueur des interlignes, qui
toujours doivent déterminer la largeur du format.

'lorsqu'on a ainsi formé une page de composition,
on l'affermit en la serrant fortement, au moyen de biseaux et de coüens en bois de chéne que l'on fait entrer
fortement entre les bois et le châssis sur le bas et sur
l'un des côtés de la forme. l'on conçoit qu'il est indispensable, pour avoir un tirage uniforme et bien fait,
que l'œil de toutes les lettres soit placé sur un plan

bien égal; il est donc nécessaire, avant de fixer les caractéres dans le châssis, de les poser sur un marbre ou
sur tout autre corps trés-uni, et dont le plan soit parfaitement égal. 'dailleurs, s'il en était autrement, les
moules et par conséquent les clichets qu'on en obtien-
drait seraient trés-défectueux et de nul usage.

'ayant ainsi imposé la forme, on procéde au tirage
d'une épreuve, afin d'en faire la correction: mais avant
de dessérer les coins, on répand de l'eau sur les caractéres avec une éponge. 'sans cette précaution, n'ayant pas
adhérence entre eux, ils se renverseraient les uns sur
les autres; en voulant les déplacer, tout se confondrait,
et l'on serait obligé de les remettre dans leurs cassetins
respectifs, et de recommencer la composition. 'l'eau
dont ils sont imbibés les colle les uns contre les autres,
de maniére qu'ils restent debout: on peut les mani-
er, et méme transporter des mots et des lignes, sans
que rien ne se confonde. 'dans le cas ou ce qu'on aurait à imprimer ne dépasserait pas une page, ou une
page et demie, on pourrait se dispenser de faire des
moules ou des clichets, puisque la quantité de caractéres dont se compose une imprimerie économique,
suffit pour cette étendue de matiére.

'aprés le tirage, ou la formation d'un clichet, on distribue les caractéres de la forme dans leurs cases respec-
tives, pour en recommencer une nouvelle. 'il est cependant prudent d'attendre la réussite du clichet; car s'il
venait par hazard à manquer, on aurait, en conservant
la forme, la ressource de faire un nouveau moule.

'on doit, ainsi que nous le dirons dans le chapitre
suivant, mouiller le papier avant de tirer des épreuves à
correction, et, aprés ce tirage, on désancrera les caractéres en tirant deux ou trois feuilles avec du papier qui aurait déja servi à l'impression.

'avant de faire la distribution des caractéres, on

pose la forme sur une pierre ou sur une planche bien
unie; on desserre les coins, on mouille les caractéres
avec une éponge, aprés les avoir remués avec la main,
pour les désunir; enfin on enléve le châssis, les tasseaux, les biseaux et les coins qui forment la garni-
ture. 'le compositeur prend alcrs une réglette de bois
un peu plus longue que la largueur de la page, et moins
large que la hauteur des caractéres; il l'applique contre la derniére ligne de la composition du côté du cran
en appuyant le doigt annulaire de chaque main contre l'autre côté de la églette. 'il pose en méme temps
le doigt du milieu et l'indicateur des deux mains ur les
deux côtés des lignes: il presse celles-ci en tirant à lui;
il les sépare, et en enléve plu icurs à la fois. 'il couche à plat la réglette sur laquelle tombent les caractéres. 'il la prend de la main droite par son extrémité, et
la place su lamain gauche, de maniére que l'une
de ses extrémités est soutenue par le doigt annulaire,
et l'autre entre l'index et le pouce, la poignée se trouvant ainsi maintenue par le pouce et par l'index.

'aprés avoir placé ainsi les caractéres, le compositeur enléve avec les trois premiers doigts de la main
droite un, deux ou trois mots, selon leur plus ou moins
de longueur: il les lit, et les distribue dans leurs cassetins respectifs, en les faisant tomber les uns aprés les
autres, par un petit mouvement des doigts. il continue
à prendre successivement les autres mcts, et à les distribuer de la méme maniére. 'on doit porter beaucoup
de soin à jetter dans chaque cassetin la lettre qui lui
est réservée, afin d'éviter les erreurs qui en résulteraient
dans la composition. 'il sera plus facile quoique moins
expéditif de n'enlever sur la réglette qu'une ligne à la
fois: alors on posera la réglette à côté de la casse; on
saisira de la main droite les mots qu'on reprendra de
la main gauche, l'œil tourné en haut de maniére à pou-

voir lire. 'on prendra de la main droite les lettres une à une ,et on les jettera ainsi avec une certaine rapidité dans les cassetins.

'chapitre 4.

'maniére de procéder pour former les moules et les clichets.

'les procédés que nous avons imaginés pour former les moules et des clichets sont simples et faciles. 'ils lemandent cependant un peu de soin et d'attention, lorsqu'on veut obtenir une belle impression. 'nous croyons ju'il sera facile de réussir, en se conformant aux indizations que nous donnons dans ce chapitre.

'aprés avoir corrigé et disposé une forme, on prend une feuille de papier non collé, qui ne doit étre ni trop fort ni trop mince, à peu prés de la nature du papier à lettre ordinaire. 'celui dont on se sert pour tirer des épreuves de lettres avec les presses dites anglaises, ainsi que le papier à filtrer des chimistes, sont trés-propres pour cet objet; il faut seulement qu'ils soient d'une pàte égale, qu'ils n'ayent pas de boulons, ni surtout de grains de sable, ce qui abimerait les caractéres; mais il est facile de les enlever avec un gratoir sans altérer le papier. 'on donne à ce papier la grandeur du format qu'on a adopté, plus une marge de 7 à 8 lignes sur les deux còtés, ainsi qu'au bas de la page. 'il ne doit dépasser les caractéres à la partie supérieure que de 2 ou 3 lignes. 'on pose le papier sur la forme, et tandis qu'on le fixe de la maiu gauche, pour qu'il ne se dérange pas, on le mouille avec une éponge imbibée d'eau. 'on le recouvre ensuite d'une toile fine,telle que balisie ou mousseline, qu'on humecte parcillement. 'on

frappe la toile assez fortement, et à plusieurs reprises, avec une grande brosse à poils serrés. 'on enléve
ensuite légérement la toile, au dessous de laquelle se
trouve le papier qui, par la pression de la brosse, s'est
introduit, jusqu'à un certain dégré, dans l'œil des lettres. 'on termine cette introduction en frappant successivement les caractéres avec une petite brosse dont nous
avons parlé. 'le battage doit étre plus ou moins pro-
longé, selon que le papier est plus ou moins fort, plus
ou moins humecté: mais on doit éviter de le déchirer
et de découvrir le métal des caractéres. 'avant de faire les opérations que nous venons d'indiquer, on aura
délayé dans de l'eau de l'argile qu l'on étend bien également, avec un lame de couteau, sur une feuille de papier de la méme largeur que le précédent, mais ayant
un pouce et demi de plus en longueur. cet excédant, qui
doit dépasser les caractéres dans la partie supérieure,
est ménagé afin de former un espace vide, qu'on remplit du métal en fusion, afin de produire la pression nécessaire à la perfection du moulage. 'l'argile employée
doit étre exempte de grains de sable. 'c'est pour cette
raison qu'il faut la passer dans un fin tamis de soie, a-
prés l'avoir pilée. 'en la mélangeant avec de l'eau et
l'abattant fortement, on obtient une pàte onctueuse qui
doit avoir une forte consistence, mais cependant facile
à étendre, avec une lame de couteau, sur une feuille de
papier collé et assez fort: il est méme bon de lui donner un encollage. 'cette couche ne doit avoir au plus
qu'une demie ligne d'épaisseur. 'lorsqu'elle est formée,
on la regarde contre le jour, on reconnait ainsi les endroits qui ne seraient pas assez garnis d'argile et on
en remet. 'cette couche est destinée à recouvrir les
caractéres, ainsi que le papier dont ils sont déjà revétus. 'elle ne doit étre ni trop molle, ni trop dure. 'on
reconnait qu'elle est au dégré convenable, lorsque, en

la pressant avec le doigt, elle ne s'y attache pas, et n'y laisse aucune trace. 'on encolle les marges de la feuille adaptée sur les caractéres, et l'on applique la couche d'argile. 'on la fait pénétrer dans l'œil des lettres, en appliquant successivement et à plusieurs reprises, sur toutes les parties, le taquet dont nous avons donné la description, et sur lequel on frappe de petits coups a-vec un marteau ou avec tout autre corps. 'on continuera ensuite la pression au moyen d'un petit rouleau en bois sur lequel on applique la main, en le faisant aller suc-cessivement dans tous les sens. 'on reconnait que la pression est suffisante, lorsque les traces de toutes les lettres paraissent sur la surface du papier. 'il est bon de former les marges qui n'ont pas reçu de pression, en les comprimant un peu avec le manche de la petite brosse à frapper, ou avec un couteau en bois. nous observons qu'il est à propos de frotter le papier appli-qué immédiatement sur les caractéres, avec de la san-guine, ou avec de la mine de plomb; cet enduit facilite la séparation du moule. 'enfin on termine ce dernier en le recouvrant, en totalité, d'une couche d'argile moins humectée que celle dont on a couvert la feuille de papier. 'cette couche à laquelle il suffit de donner une ou deux lignes d'épaisseur, doit étre étendue avec la lame d'un couteau, en lui donnant la méme épaisseur sur tous les points, le plus également qu'il est possible. 'on la recouvre d'un papier que l'on enduit de colle. 'il importe de bien égaliser cette couche, et de lui don-ner une surface plane. 'c'est pour produire cet efiet qu'on lui imprime une légére pression avec le petit rou-leau en bois, qu'on proméne dans tous les sens, mais surtout dans celui de la longueur. 'afin de donner de la régularité au moule, on enléve avec la lame d'un cou-teau, l'argile qui dépasse les bords du papier.

'on doit observer qu'en donnant trop d'épaisseur

à la première couche d'argile, la pàte s'engage entre
les espaces des mots, ce qui empéche le moule de se
détacher, et occasionne l'arrachement de quelques lettres et méme du papier. 'il sera donc mieux de ne lui
donner qu'un quart de ligne d'épaisseur. 's'il arrivait,
par hazard, que quelques lettres se trouvassent ndo-
magées, il serait facile de les réparer: on coupe, à cet
effet, un morceau de papier fin, dans les dimensions
de l'œil de la lettre; on pose, avec le bout d'une pointe, à la place où doit se trouver la lettre, ce papier,
aprés l'avoir enduit d'une couche trés-légére d'argile,
et on y imprime à la main la lettre qui doit remplacer
celle qui a été endomagée. 'il est quelques moyens à
prendre pour accélérer la dessication, et pour empécher
que le moule ne se cambre ou ne se contourne: dans le
premier but, on place la forme au soleil, ou sur un poé-
le, ou sur une brique échauffée au feu, ou enfin, sur
une feuille de fer-blanc ou de tolle que l'on expose sur
une lampe ou sur un fourneau légérement chaufé,
pour n'avoir pas à craindre la fusion des caractéres.
'mais afin que le retrait, produit par l'effet de la dessication, ne fasse pas cambrer le moule, on doit, lorsqu'on
apperçoit que ses bords se soulévent, le couvrir de
quelques feuilles de papier brouillard et d'une planche
chargée de poids, et changer fréquemment ces papiers.
'c'est pour éviter cet embaras, que je me sers d'un petit chassis ou cadre en bois, dont les dimensions doivent
étre proportionnées à celles de la forme qu'on veut
mouler, c'est à dire, que les quatre còtés du cadre, larges
de 5 ou 6 lignes et épais de 2, doivent porter sur les
bords du moule. 'ce cadre étant ainsi placé, on le charge d'une brique posée de champ et en travers, de maniére que l'évaporation produite par la chaleur, puisse
se dissiper promptement, et que le moule comprimé
sur ses bords, conserve sa forme primitive. 'on détache

alors ce moule, en passant sous ses bords une lame de couteau, avec laquelle on le souléve légérement dans son pourtour. 's'il arrivait, par hazard, que quelques lettres se trouvassent endomagées en levant le moule, il serait facile de les réparer. 'on met, pour cela, sur un petit papier, taillé sur les dimensions de l'œil de la lettre, une couche d'argile, presque insensible, qu'on place à l'endroit où doit se trouver la lettre, aprés y avoir mis un atome de colle. 'on prend alors le caractére qu'il sagit de réparer et l'on forme une empreinte nouvelle en apuyant verticalement. 'il arrive, lorsque la couche d'argile n'a pas été formée d'une épaisseur égale dans toutes ses parties, que la portion surabondante pénétre entre les espaces des mots et offre de petites proéminences dans le moule. 'on doit les couper avec la pointe de ciseaux. 'la partie du moule au dessus des caractéres ne doit point être couverte de papier, ou il doit être enlevé, si l'on en a mis; car, en brulant, il tomberait dans le moule, et salirait le métal.

'pour donner une certaine épaisseur aux clichets, on fixe sur les marges de droite et de gauche et sur celles du bas, de petites bandes de carton, épaisses d'une bonne ligne et larges de quatre. 'c'est par le moyen de ces bandes qu'on ménage l'espace ou vide qui détermine l'épaisseur du clichet. 'on applique de l'argile délayée dans les jointures par où le métal pourrait s'échaper. 'le moule étant ainsi disposé, on le met entre deux plaques de tolle dont nous avons parlé, de maniére à ce qu'il dépasse, dans sa partie supérieure, de 2 ou 3 lignes, formant ainsi un rebord qui retient le métal, lorsqu'on le verse dans le moule. 'on serre ce moule assez fortement entre les plaques, au moyen de petits sergeants dont on donne la figure dans cet écrit. 'on les place sur les côtés, deux en haut, deux en bas. 'avant de faire fondre le métal, on pose sur le fourreau le moule ainsi ajusté, pour dissiper le reste d'humidité qu'il pourrait contenir, et afin qu'étant fortement chauffé, le metal puisse pénétrer plus intimement dans les moindres cavités, et reproduire exactement toutes les lettres. 'on doit exposer au feu la plaque sur laquelle porte le derriére du moulé. 'on reconnait qu'il est suffisament chaufé, lorsque la plaque opposée est parvenue à un degré de chaleur qu'on ne puisse la supporter avec la main, méme un instant. 'alors on le retire du feu; l'on serre de nouveau et fortement, les vis des sergents; car, sans cette précaution, le métal, qui s'échape par le moindre interstice, sortirait du mo le, et le clichet serait manqué. 'on met alors, sur le fourneau, la cuillere dans laquelle est le métal, et l'on place au dessus le moule, afin de lui conserver un haut degré de chaleur. 'au reste on n'a pas à craindre de gàter le moule, lors méme que la chaleur serait assez forte pour le carboniser.

'c'est ici le lieu de parler de la composition métallique propre à former des clichets. 'on pourrait à la rigeur employer l'étain ou le plomb, ou une foule d'alliages dans lesquels entrent ces métaux, ainsi que l'antimoine, le bismuth ou le zing. 'il suffit, pour réussir, de verser dans le moule fortement échauffé, ces métaux, aprés les avoir fait rougir. 'mais il y a des métaux ou alliages trop mous ou trop cassants, ou enfin trop dispendieux pou l'objet qu'on se propose; inconvénients que nous avons cherché à éviter, en formant des clichets avec un alliage, qui, sans étre cassant, eût toute la dureté convenable et fût à trés-bon marché, objet important dans un systéme de typographie, qui doit devenir populaire. 'le métal fusible à 8o dégrés est trés-propre à former des clichets, mais il est trop dispendieux. 'j'ai trouvé que 6 parties de plomb sur 1 d'antimoine, était de tous les alliages, celui qui, ayant la dureté

nécessaire, étant le moins couteux. 'on pourra lui donner plus de dureté avec 6 parties de plomb, sur 1 d'antimoine. 'on fait d'abord fondre le plomb au rouge et on
y jette l'antimoine, en remuant pour que l'alliage se
fasse bien. 'le mieux serait de fondre les deux métaux
dans des creusets séparés, et de les mélanger ensuite. 'au
reste on pourra se servir du métal employé dans la fonte des caractéres d'imprimerie, mais il est plus couteux.
'lorsqu'on a porté le métal à l'état d'un rouge vif, on
retire du feu l'appareil qui contient le moule: on le dresse presque verticalement, en l'appuyant contre un corps
solide, de maniére à pouvoir y verser commodément le
métal, opération qu'il est bon d'exécuter avec rapidité.
'on aura soin, auparavant, d'enlever avec une cuilliere
en fer les immondices, ou le métal oxidé qui se trouve à
la surface. 'aprés avoir laissé refroidir l'appareil pendant quelques minutes, on retire les sérgens et les plaques de tôle; on dégage le clichet du moule avec le
quel il adhére fortement. 'on le jette dans l'eau à cet
effet, ou on le mouille avec une éponge. 'la couche exté-
rieure d'argile se détache facilement ; celle qui adhére
au clichet s'enléve en le frottant avec une brosse à poils
rudes, aprés l'avoir mis tramper dans l'eau un instant.
'on obtient ainsi un clichet dont tous les caractéres bien
formés, doivent étre unis et brillants à leur surface. 'on
dresse le clichet, en retranchant, avec une scie, l'excédant du format qui se trouve au haut de la page ; on
égalise ses bords, ou on les taille en biseau, avec un
couteau, ou avec un ciseau. 'il arrive quelquefois que
des particules de métal se glissant entre le papier et l'argile, apparaissent parmi les lignes du clichet ; on les
enléve facilement avec le bout d'une pointe ; mais il
faut bien prendre garde d'endomager les caractéres.

'c h a q i t r e 5.

'de l'impression.

'lorsqu'une forme ou des clichets sont convenablement disposés pour être soumis à l'impression, il faut
apprêter l'encre, le rouleau, le papier et la presse, ou
autres instrumens analogues.

'e n c r e. 'celle qui est usitée en typographie se pré-
pare avec de l'huile de noix ou de lin, et du noir de fumée. 'l'huile doit être épaissie à une consistence appro-
chant de celle du miel. 'on la fait chauffer à cet effet, en
la remuant jusqu'à ce qu'elle file et qu'elle soit gluan-
te, ce qu'on reconnait en en mettant quelques gouttes
sur une assiette, et la laissant refroidir. 'elle prend dans
cet état le nom de vernis. 'on se sert pour cette cuisson d'un vase de fer ou de cuivre qu'on ne remplit qu'à
moitié, afin d'avoir le temps de le retirer du feu, lorsque l'huile monte; car si elle dépassait les bords et qu'elle se répandit sur le feu, elle pourrait produire un in-
cendie. 'il est donc prudent de la préparer en plein
air. 'le vernis doit être un peu plus épais en été qu'en
hiver. 'on pourra remédier à sa trop grande épaisseur
en le mélangeant, sur la pierre au noir, avec quelques
gouttes d'huile de lin. 'pour faire l'encre, on broie avec
une molette 2 onces et demi de noir de fumée, sur une
livre de vernis. 'au reste, on trouve cette encre chez les
marchands qui la fabriquent, ou chez les imprimeurs.
'mise dans un pot vernissé et bien couvert, elle se conserve pendant trés-lon-gtemps.

'd u p a p i e r. 'l'encre ne prendrait pas bien sur
le papier, s'il n'était pas humecté; mais, avant de luifai-
re subir cette opération, il faut le couper en raison
du nombre de pages qu'on veut tirer à la fois. 'ainsi,

lorsqu'on veut tirer quatre clichets d'un seul coup, de presse, on coupe la feuille de papier en deux, dans le sens longitudinal e. c. 'on peut mouiller le papier avec une éponge, ou avec un balai, ou en le faisant passer dans un vase rempli d'eau: dans le premier cas, aprés avoir placé sur une planche une ou deux feuilles de papier dit de maculature, pour empécher le contact du bois, on les mouille, et on étend par dessus cinq ou six feuilles de papier blanc, coupé ainsi que nous venons de le dire   'on étend la méme quantité de feuilles sur ces derniéres sans les mouiller, et l'on continue ainsi. 'on doit mouiller un plus petit nombre de feuilles à la fois, lorsque le papier est collé. 'cette opération étant terminée, on couvre le tas avec deux feuilles de papier de maculature et avec une planche, qu'on charge d'un poids de 10 à 20 livres. 'pour humecter au balai, il faut étendre sur la planche 6 à 7 feuilles, et les arroser avec un petit balai, que l'on plonge dans l'eau. 'la troisiéme méthode consiste à prendre par les deux coins un paquet de 8 ou 10 feuilles de papier non collé, ou 5 à 6 de papier collé, et à les faire passer rapidement dans l'eau. 'si le papier n'avait pas été suffisament trempé, ou qu'il se fût desséché, on prendra de distance en distance quelques feuilles de papier qu'on mouillera de nouveau. 'on peut employer le papier ainsi preparé au bout de 7 à 8 heures, et méme au bont de 3 ou 4 heures pour certains papiers.

'e n c r a g e . 'avant de commencer le tirage, on étend de l'encre sur la pierre avec une lame de couteau, et on la répand également avec le rouleau. 'il n'en faut mettre que la quantité nécessaire pour que le rouleau puisse en déposer suffisament en passant sur les caractéres . 'on fait, à chaque épreuve, aller et venir, deux ou trois fois , le' rouleau sur la pierre, et autant de fois sur les caractéres, en appuyant plus ou moins, selon que le rouleau est garni d'une moindre ou d'une plus grande quantité de noir.

'm i s e e n t r a i n. 'une opération indispensable lorsqu'on tire avec une presse, c'est ce qu'on nomme en terme de l'art, la m i s e e n t r a i n. 'on n'a pas besoin de prendre cette disposition, lorsqu'on employe les autres moyens de tirage que nous allons indiquer. 'on conçoit que lorsque la pression se donne au moyen d'un plateau ou d'un cylindre en fer ou en bois, le défaut d'un paralellisme parfait, doit occasionner des irrégularités dans le tirage, d'où il résulte des parties trop foibles dans quelques endroits et trop fortes dans d'autres. 'c'est donc pour égaliser l'impression qu'on met des hausses sur l'étoffe dont est garni le tympan de la presse. 'ce sont des morceaux de papiers, plus ou moins fins, que l'on colle sur une feuille de papier fixée au tympan. 'on soumet cette feuille à la pression, sans encrer les caractéres. 'l'empreinte qu'elle reçoit indique, d'aprés le plus ou moins de foulage, les endroits trop foibles; on les corrige en fixant sur la feuille, avec un peu de colle, des papiers non collés, et à plusieurs reprises, s'il est nécessaire, jusqu'à ce qu'on s'apperçoive que la pression porte également sur toute la surface des caractéres. 'on ne doit pas couper le papier avec des ciseaux, mais il faut le déchirer avec les doigts afin que la dégradation soit insensible. 'on tire ensuite une épreuve sur une feuille de papier placée exactement sur la premiére. 'on examine s'il se trouve des endroits défectueux, et l'on colle, s'il est besoin, de nouvelles hausses sur cette feuille. 'on donne, en imprimerie, le nom de m a r g e à la feuille sur la quellé on met les hausses. 'dans le cas où l'impression serait trop forte, on remédie à cet inconvénient, en coupant avec des ciseaux les parties correspondantes de la marge; ou, si cela ne suffit pas, en collant de nouveaux papiers sur les

endroits foibles.

'lorsque, aprés avoir remédié à tous les défauts, on parvient à obtenir une bonne épreuve, ou détache la marge, et on la place sur le revers du tympan, de maniére à ce qu'elle soit fixée entre le petit et le grand tympan, et que l'étoffe dont est garni le cadre de ce dernier, puisse porter immédiatement sur le papier soumis à l'impression. 'mais il est absolument nécessaire que cette marge soit placée exactement sur le revers de l'étoffe, dans la méme position où elle se trouvait sur l'endroit. 'pour obtenir cette précision, il suffit de faire avec une épingle nn trou à la partie supérieure, et un à la partie inférieure de la marge; on enléve ensuite cette feuille, en la coupant avec des ciseaux aux deux coins supérieurs, de maniére à laisser, à chacun de ces coins, un triangle en papier qui guide pour la pose des feuilles, pendant tout le cours du tirage; c'est-à dire, qu'on doit faire toujours coïncider le haut de ces feuilles avec les angles formés par les deux morceaux de papier. 'comme on aura eu soin de coller une feuille de papier blanc au revers de l'étoffe du tympan, et cette feuille se trouvant percée par l'épingle, on aura deux points de repaire pour placer la marge dans la position où elle doit se trouver. 'alors, on la fixera en la collant aux quatres coins.

'il pourra arriver qu'aprés avoir disposé les choses ainsi que nous venons de l'expliquer, il se présente dans le cours du tirage, quelque imperfection ou irrégularité dans les épreuves; on y remédie en appliquant de nouvelles hausses sur une autre feuille de papier qu'on colle aux quatre coins, sur le côté du tympan en regard des caractéres te sur la quelle on a tiré une épreuve, afin de reconnaitre par comparaison les endroits défectueux. il vaut cependant mieux, lorsque les défauts sont peu sensibles, coller ces hausses sur l'étoffe du

tympan.

'**t i r a g e.** la mise en train étant terminée, on procéde au tirage. lorsqu'on veut le faire sur la forme, on pose celle-ci sur le plateau de la presse, aprés avoir enlevé les réglettes, à moins qu'on ne préfére avoir une planche qu'on substitue au plateau. 'lorsqu'on emploie les clichets, il faut, aprés avoir formé en biseau les quatre côtés, avec un couteau ou un rabot, les introduire dans les coulisses formées par les réglettes. 'comme il est difficile de faire des clichets d'une épaisseur égale, on les éléve, au besoin, avec un carton peu épais, ou avec quelques doubles de papier. 'les clichets étant ainsi ajustés sur le plateau, on procéde au tirage. on encre avec le rouleau, on place sur le tympan la feuille de tirage; et pendant qu'on la soutient dans cet état avec la main droite, on ferme de la main gauche la frisquette; à cet effet, on la saisit avec le tympan vers son milieu, en posant le pouce en dessous. 'on rabat le tout sur les caractéres, et l'on fait aussitôt le tirage, en tournant la manivelle. 'lorsque la planche sur laquelle sont fixés les clichets a dépassé les cylindres, on reléve le tympan, on ouvre la frisquette, on enléve la feuille imprimée, et l'on continue ainsi, en encrant de nouveau les clichets. etc. 'il est à observer que les deux pointes fixées sur les côtés du tympan, servent à former des trous dans les quels on les fait entrer de nouveau lorsqu'on tire le revers des feuilles, afin que les pages coincident exactement les unes avec les autres: c'est ce qu'on nomme mettre la pagination en r é g i s t r e. 'pour que cette coïncidence ait lieu, il faut doubler une feuille du papier destinée au tirage, et faire entrer les deux pointes dans le pli qui se trouve au milieu de cette feuille, après avoir disposé les pointes de maniére qu'elles soint placées bien exactement vis-à-vis l'une de l'autre, et qu'elles correspondent avec les deux trous de la plate-forme destinés à les recevoir. 'on examine ensuite si le registre est exact. 'on pose à cet effet sur le tympan une feuille de papier, dont les angles doivent correspondre aux deux angles du papier collé à la partie supérieure de ce tympan, et l'on tire sans encrer les clichets. 'on reléve cette feuille, et on la tire une seconde fois du côté opposé, en plaçant à la partie supérieure du tympan l'extrémité qui se trouvait à sa partie inférieure dans le premier tirage. 'on voit ainsi, par le feu'age, si les pages coïncident exactement des deux côtes de la feuille. 'si le contraire arrivait, on rectifierait ce défaut en haussant ou baissant la pointe.

'nous allons indiquer les différentes maniéres d'imprimer que l'on peut employer dans la typographie économique, selon les circonstances, en commençant par les plus simples et les moins coûteuses, qui cependant ne sont pas susceptibles de donner un tirage aussi parfait que celui obtenu par la presse à cylindres que nous décrirons dans ce chapitre.

'tirage au rouleau. 'nous avons donné la description de ce rouleau page 13. 'on peut l'employer pour tirer immédiatement sur les caractéres mis en forme et sur les clichets fixés sur une planche. 'après avoir posé le papier sur les clichets chargés d'encre, on prend des deux mains le rouleau par ses poignées et on lui fait parcourir les caractéres en appuyant d'une maniére uniforme, afin que l'impression soit égale des deux côtés.

'brosse d'impression. 'elle est, ainsi que nous l'avons fait observer, garnie de poils rudes et serrés. 'elle donne des épreuves moins fortes et moins réguliéres que celles obtenues par les moyens suivans.

'battoir garni d'amidon. ('voyez pa. 13). 'nous avons modifié cet instrument, en établissant sa poignée ou manche à l'une de ses éxtrémités, au lieu de la placer sur la surface supérieure, ayant trouvé que l'impression s'exécutait ainsi plus facilement. 'on prend cet instrument par la poignée, et l'on frappe rapidement trois ou quatre coups sur le papier qui recouvre le clichet, et ainsi successivement sur les autres, lorsqu'on en tire plusieurs à la fois. 'on obtient par ce moyen des épreuves assez réguliéres, et suffisamment noires. 'c'est un bon moyen d'imprimer lorsqu'on n'a pas de presse à sa disposition, ou qu'on ne veut pas en faire les frais ; et d'ailleurs, il est assez rapide.

'b a t t o i r g a r n i d e d r a p. 'ce battoir est employé comme le précédent. 'il est garni en dessous de 5 ou 6 morceaux de flanelle, ou de 8 à 10 doubles de de papier fin non collé, ou de papier brouillard surmonté de 4 morceaux de drap. 'il donne des épreuves passables, mais moins réguliéres que celles du précédent. ces deux battoirs produisent un peu de bruit lorsqu'ils sont mis en action. 'c'est pour éviter cet inconvénient que nous avons imaginé de construire le rouleau suivant.

'r o u l e a u a v e c a m i d o n. 'nous en donnerons les dimensions à l'explication des figures. 'il est en bois, et revêtu d'un sac de peau qu'on lie fortement à la base de son manche, et ensuite à l'une des extrémités où se termine le corps du cylindre. 'on le remplit ensuite d'amidon que l'on comprime, autant que possible, dans tout son contour. 'on le lie de même à l'autre extrémité, sur la rainure où s'enfonce la ficelle, de manière à retenir l'amidon sur le pourtour du cylindre. 'on le roule en pressant également sur les poignées. 'il faut l'appliquer successivement par l'une de ses extrémités, et ensuite par l'autre ; car si son milieu portait constament sur les caractéres, l amidon se rejeterait sur les côtes, et les tirages ne seraient pas aussi réguliers. 'l'on imprimeraa ainsi san aucun bruit.s

'p r e s s e e n t a i l l e d o u c e. 'on pourra faire

usage de cette presse pour tirer des clichets, ainsi que nous l'avons exqliqué page 14 (1).

'presse à tirer copie des lettres. 'son usage et les dispositions à prendre sont les mèmes que celles indiquées pour la précédente.

'presse politype à deux cylindres. 'nous avons parlé, page 13, d'une presse propre à lisser le linge, que nous avons employée au tirage de nos formes et de nos clichets. 'nous avions d'abord imaginé cette presse pour tirer en litographie; mais d'autres oc_cupations ne nous avaient pas permis de lui donner la perfection dont elle était susceptible; nous l'avons fait servir au lissage du'linge. 'ayant trouvé qu'elle pouvait être employée avec avantage à notre système de typographie, nous y avons apporté des modifications, et nous

---

(1) 'cette page, ainsi que toutes celles qui termineront cet écrit, est interlignée et composée en caractéres neufs, philosophique gros œil, num.10, qui, sans avoir une grande dimension, est cependant d'une lecture facile. 'ayant moins de largeur, il fournit plus de matière, dans une espace donnée, qu'un autre caractère de même corps; aussi conseillons nous aux personnes qui voudraient imprimer d'après notre système, de le préférer à tout autre, lorsqu'elles pourront s'en procurer. 'd'ailleurs, il se moule d'autant mieux, que l'extrémité supérieure du corps de la lettre est formée à angles droits, et que les espaces dont nons nous servons dans cette composition, ont une hauteur égale à celle du corps de la lettre. 'la forme de ce caractère est analogue à celui que les imprimeurs emploient dans la composition des ouvrages qu'on veut clicher.

sommes parvenus, grace au talent d'un habile méchani-
cien, m. 'marloye, à la rendre propre, non seulement
à la typhographie, mais aussi aux tirages de la lithographie, de la taille-douce, des vignettes en bois, des clichets,
des copies de lettres manuscrites, au lissage des épreuves
et à plusieurs autres usages dans les arts, dont nous ne
parlerons pas, afin de ne point trop nous écarter de notre sujet. nous croyons que cette presse sera fort utile aux
imprimeurs pour tirer leurs épreuves, ou pour imprimer
des feuilles volantes. 'ils y trouveront célérité et économie. 'elle pourra remplacer avec avantage, dans la lithographie, les presses ordinaires, lorsqu'il s'agira de tirer des pierres de petite dimension, ou même de dimen-
tion moyenne. 'il en sera de même pour la taille douce. 'cette presse, d'un prix modique, d'une constructi-
on simple et solide, produit d'aussi bons tirages entre
les mains d'ouvriers exercés dans ces trois arts, que celles
dont on fait generalement usage. 'c'est pour cette raison
que nous lui avons donné le nom de p r e s e s p o l i-
t y p i q u e. 'on trouvera plus bas sa figure et sa description.

'nous ferons observer que les mortaises des jumelles,
placées au dessus et au dessous des axes des cylindres,
leur donnent la faculté de se hausser, ou de se baisser à
l'une et à l'autre de leurs extrémités, et de se prêter ainsi
à l'inégale épaisseur que présentent toujours les pierres.
'ces cylindres remplissent ainsi les fonctions de la racle adaptée aux presses lithographiques.

'lorsqu'il s'agit d'imprimer en typographie avec cette
presse, on assujétit sur le plateau, les formes contenues
dans leur cadre avec des coins, ou l'on fixe les clichets

entre des réglettes, sur une planche qui fait partie de la presse. 'ces réglettes à coulisse se fixent avec de petites pointes. 'on les rapproche, ou on les écarte, selon les dimensions des clichets. 'on taille en biseau avec un rabot ou avec un couteau les bords des clichets, afin de pouvoir les faire couler entre les réglettes, et de les maintenir ainsi dans la même position.

'on découpe ensuite le carton de la frisquette, de manière qu'en laissant les clichets à découvert, il recouvre les réglettes qui, sans ce moyen, saliraient le papier avec l'encre qu'y dépose le rouleau. la frisquette qui s'attache au grand tympan, au moyen de deux brochettes, est destinée à contenir la feuille d'impression et à recevoir les espaces qui forment les marges. 'il faut avoir soin, en découpant la frisquette, que les bords de ses découpures ne portent pas sur les caractères qui, dans ce cas, ne pourraient laisser leur empreinte sur le papier. 's'il arrivait qu'on eût trop élargi les ouvertures de la frisquette, on y remédierait en collant à l'intérieur du papier, de manière à ne pas laisser à découvert les parties du plateau noirci par le rouleau. 'on emploierait le même moyen, si après avoir taillé la frisquette pour un grand format, on voulait en tirer un plus petit.

'la frisquette étant disposée, on met en train ainsi que nous l'avons expliqué; l'on tire en tournant la manivelle. 'le rouleau inférieur, ainsi mis en action, entraîne le plateau à l'une des extrémités de la presse, et donne en même temps un mouvement de rotation au rouleau supérieur. 'on enlève ensuite la feuille qui vient de recevoir l'impression; on encre, on pose une nouvelle feuille, on la tire en faisant passer le plateau du coté opposé, et ainsi de suite.

chapitre 6.

'de la police des caractères d'une imprimerie économique, pour les principales langues de l'europe.

'on désigne, en typographie, par le mot police, le nombre relatif de lettres ou signes nécessaires pour la composition et pour le roulage d'une ou de plusieurs presses. 'une police est, par conséquent, plus ou moins nombreuse, selon la quantité de presses que l'on veut mettre en activité. 'elle s'élève ordinairement à 80,000 lettres pour une seule presse, y compris les différents corps d'écriture, l'italique, les majuscules de diverses grandeurs, formes ou dimensions. 'celle dont on a besoin dans notre système typographique se borne à 3,000 lettres; la police que nous allons donner dans le tableau suivant, a suffi, et bien au-delà, pour composer cet ouvrage, et cependant cette police ne se compose que de 2,744.

'la police varie d'après la nature des langues. 'ainsi le latin demande un plus grand nombre d'm, d'n, et d'u. 'les h, le i, les t. et w se présentent plus souvent dans la langue anglaise. 'les lettres qui reviennent fréquemment en italien, sont les a, o, i; en espagnol, les a, o, c, n; en allemand, les e, k, n, g, w.

nous donnons ici ces différentes polices afin de faciliter aux étrangers l'usage de l'imprimerie économique. 'au reste, pour se former une police adaptée à ce système, il suffira de prendre, dans la police généralement adoptée pour une langue particulière, 3 sur 100 de chacune des lettres qui entrent dans la composition de cette police. 'quant à ce qui est des chiffres, des signes de ponctuation, et autres qui entrent dans la composition d'une forme, ainsi que des quadrats. quadratins, espaces, interlignes, filets, etc., leur nombre doit être le même que celui indiqué dans la police française. 'il faut doubler en espagnol les ? et les ! . l'anglais demande un plus grand nombre d'espaces, les mots étant plus courts qu'en français. 'il est bon d'observer que la police allemande que nous donnons ne s'applique qu'aux caractères romains, mais non aux caractères allemands.

'les personnes qui voudraient tirer 4 pages in-8· en même temps, sans faire de clichets, les composeront facilement, en se procurant 3 de nos polices du caractère philosophique compact, interligné, tel que celui avec le quel est composée cette page. 'une police de 5,000 lettres suffira à la composition de 2 pages. 'on peut même avec 2,744 lettres former une page in-4·. 'ainsi il résulte de notre système de typographie, qu'en se faisant aider dans la composition, la correction et le tirage; dans la fabrication des moules et celle des clichets, on parviendra à imprimer un ouvrage avec autant de rapidité qu'on a coutume de le faire dans une imprimerie ordinaire.

'nous avons supprimé, dans la police française, les accents des voyelles qui nous ont paru inutiles à la prononciation; ainsi nous n'avons conservé pour l'e que les accents aigus et graves, l'accent circonflexe et les deux points pouvant être remplacés par l'accent grave. un seul accent a paru suffir pour l o, l'u et l'a. 'on pourra conserver, si l'on veut, l'accentuation ordinaire.

de la police des caractères

	fran.	angl.	alle.	ital.	esp.
a	150	255	169	393	408
à	24			20	30
æ	6	3	18	1à	8
b	30	43	34	42	48
c	73	90	20	109	150
ç	9				
d	96	132	138	87	176
e	360	360	658	622	440
é	60				10
è	36			10	
f	60	75	70	50	15
fi	21	24		18	13
fl	9	9		9	9
g	30	51	91	97	39
h	30	192	147	20	58
i	180	240	145	478	220
î	9			6	10
j	18	12	10	5	12
k	6	24	50	5	
l	135	120	122	234	164
m	90	90	80	116	70
n	165	240	360	242	255
o	150	240	107	280	258
ò	9			6	28
œ	6	2	14		
p	75	51	26	110	45
q	48	15	10	35	38
r	180	186	147	279	145
s	240	240	203	172	262
t	180	270	150	213	122
u	150	102	156	136	200
û	14		32	15	10
v	45	36	32	63	25
w	6	60	49		
x	18	12	10		15
y	18	60	20		35
z	15	6	35	30	20

'le nombre des chiffres, celui des caractéres de ponctuation, des espaces, etc., est le même dans la police des autres langues que dans celle du français, sauf les petites modifications dont nous avons parlé.

.	60	1	36
,	60	2	32
;	12	3	24
;	18	4	24
-	36	5	24
'	60	6	24
!	9	7	24
?	12	8	24
»	12	9	24
*	10	0	36
)	12		

'espaces d'un point 100 — de deux points 100 — de deux points et demi 100 — de trois points 200 — quadrats de trois grandeurs 45 — quadratins 50 — demi-quadratins 60 — interlignes 60 — filets pour notes 3 — filets d'ornement de différentes longueurs 3.

'l'expérience que j'ai acquise en composant ce petit ouvrage, m'a appris qu'on pouvait avec sûreté réduire la police des lettres, des signes, etc. au nombre porté ci-dessus, avec la certitude de composer une page, et même une page et 10 ou 15 lignes de la page suivante. 'aussi ai-je réduit le nombre des lettres à 2,750, au lieu de 3,094, nombre auquel je l'avais d'abord porté à la page 2 de cet écrit. 'j'ai, au contraire, augmenté, le nombre des chiffres qui n'aurait pas suffi lorsqu'on eût voulu imprimer des comptes et autres affaires de commerce.

'chapitre 7.

'observations importantes dans la pratique de l'imprimerie économique.

'la composition de ce traité ayant été commencée à une époque où j'ignorais la pratique de l'art typographique, à mesure que je poursuivais mes expériences, de nouvelles tentatives m'ont conduit à la connaissance de procédés plus simples et plus faciles que je vais exposer dans ce chapitre. 'je réparerai, en même temps, quelques omissions que j'ai faites dans les chapitres précédents. 'le lecteur voudra bien excuser les fautes typographiques qui se sont introduites par mon défaut d'expérience.

'on a composé la première page de cet écrit sans interlignes, tandis qu'on en a mis à la page numérotée 1 bis, afin que l'on pût juger comparativement de la différence des deux genres de composition: mais nous conseillons à ceux qui ne seraient pas exercés dans la composition d'employer des interlignes. 'elles trouveront

beaucoup plus de facilité dans le maniment des caractères, dans la mise en forme et dans la composition. 'nous
avons trouvé qu'il valait mieux, après avoir composé une
l'gne, la transporter sur la galée, et lorsque le nombre de
lignes qui doit entrer dans la page est complet, lier fortement le tout ensemble, le poser sur le marbre et dres-
ser la forme. 'il est nécessaire que les caractères sur-
montent de deux à trois lignes les bois de marge, afin
que le moule puisse avoir une profondeur convenable.
'une ligne et un quart ne suffirait pas, ainsi que je l'ai
dit page 18.

'lorsqu'on aura des titres à composer, ou des espaces
laissées en blanc à la fin des chapitres et des pages, on
les remplira avec des réglettes en bois, larges de 7 à 8
lignes et épaisses de 2 lignes. 'on leur donne la lon-
geur des interlignes employées dans la composition.

'il est nécessaire de tremper le papier qui doit servir
à l'impression. 'cette opération se fait en prenant 8 à 10
feuilles de papier, par deux angles opposés, et en les faisant passer rapidement dans un baquet rempli d'eau. 'on
les étend, à mesure qu'elles sortent de l'eau, sur une
planche couverte de deux feuilles de papier de maculature; précaution nécessaire pour que le papier ne soit
pas sali par le contact de la planche. 'on continue ainsi successivement, en ayant soin de bien étaler chaque
couche jusqu'à ce qu'on ait mouillé la quantité nécessaire au tirage du lendemain, ou du sur-lendemain. 'si
l'on laissait le papier dans cet état plus de 2 ou 3 jours,
surtout lorsqu'il fait chaud, il se tacherait et s'altére-
rait, de manière à ne pouvoir plus servir. 'lorsqu'on ne
peut employer tout celui qui a été trempé, il faut l'éten-

dre et le faire sécher. 'on peut aussi, lorsqu'on n'a qu'un petit nombre de feuilles à tirer, les mouiller, en formant des couches de 3 à 4 feuilles, sur lesquelles on passe une éponge imbibée d'eau, 'au reste, on doit mouiller le papier collé beaucoup plus que celui qui ne l'est pas. 'on couvre le tas de papier avec deux feuilles de maculature et une planche sur laquelle on pose un poids assez lourd, ou on le met sous une presse. 'le papier collé demande à n'être soumis à la pression qu'une ou deux heures après qu'il est mouillé.

'nous avons dit que lorsqu'on ne fait qu'une ou deux épreuves de correction, il suffisait pour nétoyer les caractères, de tirer 4 ou 5 épreuves sur papier de maculature ; mais cette précaution ne suffit pas, lorsqu'on a tiré un certain nombre d'épreuves : il faut, si l'on veut conserver ses caractères en bon état, les nétoyer après que le tirage de la journée est terminé.

'le mode de distribution des lettres dans les cassetins que nous avons indiqué page 20, a l'inconvénient d'être trop long : nous conseillons donc de suivre celui qui est usité dans la typographie. 'il consiste à prendre, avec la main droite, 2 ou 3 mots, de dessus la réglette, en posant le doigt du milieu à la base du corps de la lettre et le pouce sur l'œil. 'on les appuie ensuite contre l'index, et après les avoir lus, on laisse échapper successivement les lettres, les unes après les autres, en retenant avec l'index celles qui ne doivent tomber qu'à leur tour. 'il faut, dans cette opération, un tour de main que l'on acquiert par la pratique.

'les expériences tentées dans le cours de mon travail m'ont donné, pour la formation des moules et celle des clichets, quelques résultats qu'il importe de connaître dans la pratique de l'art. 'par exemple, il arrivait, dans quelques circonstances, que le moule s'enlevait avec difficulté, que même l'œil de quelques lettres s'arrachait et qu'il fallait le réparer, ainsi qu'il a été dit. 'pour éviter ce grave inconvénient, on ne composera la première couche que de 2 décagrammes (6 gros) d'argile, dans la supposition qu'on emploierait un papier d'une surface de 8 pouces en longueur sur 4 en largeur; tandis qu'on en mettra 5 décagrammes à la seconde. 'si l'on composait la première couche avec une plus grande quantité d'argile, la pâte pénétrerait trop profondément entre les caractères, de sorte que le moule adhèrerait dans quelques-unes de ses parties et les lettres seraient endommagées. 'cette couche doit être assez molle pour qu'elle puisse subir un certain retrait, et se détacher facilement. 'elle a le degré de consistence convenable, lorsqu'en la touchant légèrement avec le doigt, elle n'adhère pas, ou n'a qu'une légère adhérence. 'j'ai aussi trouvé qu'il valait mieux composer la première couche avec de la craie et de l'argile, par la raison que cette dernière, en prenant un certain degré de cuisson dans le moulage, adhère souvent aux clichets et se détache avec peine. 'en délayant l'argile avec 1 décagramme de gomme sur 8 décilitres d'eau, le moule acquiert plus de consistence et donne des clichets plus réguliers.

'quand à la dessication du moule, on peut la faire ainsi que nous l'avons décrit plus haut; mais nous observerons qu'il est plus sûr, afin de le mainteir dans un plan parfaitement égal, de le couvrir avec plusieusr feuilles de papier et avec une planche bien égale sur toute sa surface, ou mieux encore, une brique qui absorbe l'humidité du moule. 'il faut avoir soin de changer les papiers qui s'humectent promptement, surtout lorsque la chaleur est active. 'en employant un quadre ou des pièces de bois sur les marges, il peut arriver que le moule se cambosse dans quelques-unes de ses parties, ce qui le rendrait impropre à former des clichets. 'il ne faut l'enlever de dessus la forme que lorsqu'il est refroidi.

'quoiqu'on puisse faire de bons moules avec les moyens que nous venons d'indiquer, nous conseillons cependant de suivre de préférence celui que nous allons donner.

1. 'on huile un papier non collé, on le frotte avec de la plombagine ou de la sanguine.

2. 'on l'applique sur la forme, en le couvrant d'une toile fine que l'on mouille avec une éponge, et qu'on bat fortement avec une brosse à poils rudes et très-rapprochés. 'après avoir enlevé la toile, on humecte légèrement le papier et on le fait entrer avec la petite brosse dont nous avons parlé, de manière qu'il prenne bien le moulage.

3. 'on encolle une feuille de papier non collée, et sans l'avoir huilée, que l'on étend sur la première, et que l'on recouvre avec la toile. 'on mouille et l'on bat fortement avec la grande brosse.

4. 'on pose, sur les deux marges de côté et sur celle du bas, des bandes de carton qui ne doivent pas dépasser la hauteur des caractères.

5. 'après avoir formé sur une feuille de papier une couche de 8 décagrammes d'argile délayée dans l'eau gommée, on la fait sécher, de manière qu'étant pressée avec le doigt, elle n'y laisse que peu ou point de traces. 'alors on l'encolle et on l'applique sur le moulage, en la

taquant et la pressant fortement dans tous les sens avec un petit rouleau, de manière à former uu plan bien égal.

6 . 'quant au métal, on peut employer l'alliage que nous avons donné comme le plus économique . 'mais quelque soit sa composition, il ne faut le verser dans le moule que lorqu'il est bien rouge, 'on doit former un jet égal et non interrompu, en allant d'une extrémité de l'ouverture du moule à l'autre. 'il est bon de met' tre en fusion une quantité de métal plus considérable que celle qui est nécessaire pour former le clichet: 'c'ess le moyen de le conserver rouge pendant tout le temps qu'on met à le verser.

'j'ai fait des clichets avec un alliage de 10 parties de plomb sur 1 de zinc, qui se moule parfaitement et qui est le moins couteux de tous, mais qui présente quelques difficultés dans la pratique.

'c h a p i t r e 8 .

'd e s c r i p t i o n d e s f i g u r e s .

'c a s s e a u x c a r a c t è r e s . 'd'après ce que nous avons dit, pages 5 et 6, sur la casse, il suffira de jetter un coup d'œil sur la planche première, pour en concevoir la distribution. 'chaque cassetin ou division porte la lettre, le signe, ou le nom de l'objet qu'il est destiné à recevoir. 'nous observerons seulement que nous avons apporté quelques modifications à l'ordre que nous avions indiqué page 5 ; l'usage nous a démontre que nous pouvions ainsi faciliter la composition .

'pour rendre cette casse plus commode, soit lorsqu'on teut la tenir dans un appartement, la serrer dans un ar-

moire, ou la transporter à la campagne, nous l'avons di-
visée en quatre parties séparées qui se placent dans une
boéte, les unes sur les autres, et qu'on retire lorsqu'on
veut composer. 'on les pose sur une table à côté les unes
des autres, dans l'ordre de la casse. 'on peut renfermer,
dans cette boéte, qui n'a qu'un pied de longueur sur neuf
pouces de hauteur, les plaques qui servent à mouler,
le composteur, la pince, la pointe, la brosse et le papier
à mouler, etc. 'nous donnerons à la fin de cet article
le nom et l'adresse de la personne chez laquelle on trouve ces deux genres de casses, ainsi que la presse que
nous allons décrire, et en général tout ce dont on peut
avoir besoin pour monter une imprimerie économique,
excepté les caractères.

'presse polytypique. 'nous renvoyons aux pages
35 et suivantes pour les applications que cette presse
peut trouver dans les différents arts. 'nous croyons qu'elle sera utile surtout aux imprimeurs de proffession, pour
tirer les épreuves de correction, ce qui les dispensera
de consacrer à ce travail une presse d'un prix beaucoup
plus considérable, et qui occupe beaucoup plus de place.
'il en sera de même pour les imprimeurs en taille douce
qui pourront exécuter plus promptement et à moins de
frais, des planches d'une dimension ordinaire.

'la presse polytypique est formée à sa base de deux pièces de bois ou patins a b (voyez planche 2), longues de
2 pieds 3 pouces, réunis par deux traverses longues de
5 pieds en œvre c c, et liées à leurs extrémités aux 4
montans d d d : ceux-ci supportent deux autres pièces e f, parallèles aux premières, et également réunies
par deux traverses g g, au moyen de boulons. 'c'est

entre les deux pièces supérieures qu'est contenu le plateau h de la presse. 'ii est soutenu à ses extrémités par
les traverses g g, et il va et vient sur le cylindre inférieur, lorsque la presse est mise en action. 'dans la partie moyenne de la presse se trouvent deux jumelles i i,
liées ensemble par une traverse k dans leur partie inférieure, et par un chapiteau l, à leur extrémité supérieure. 'chaque jumelle est percée de deux mortaises;
les mortaises inférieures sont garnies de quarés en bois
m, dans lesquels tourne l'axe du cylindre inférieur; les
mortaises supérieures n n reçoivent, en outre, au dessus
et au dessous des quarés, plusieurs plaques de liège ou de
chapeaux, qui par leur élasticité produisent une pression plus douce, plus uniforme et plus ou moins puis-
sante, selon les résultats qu'on cherche à obtenir. 'il
suffit, pour produire la pression sur toute la surface des
cylindres ou seulement à l'une de leurs extrémités. de
serrer ou de desserrer les deux coins placés à la partie
supérieure des mortaises. 'c'est ce méchanisme qui rend
cette presse, non seulement propre à la typographie, mais
aussi à la taille-douce, à la litographie, etc. 'les cylindres se prêtent ainsi à la forme des corps soumis à la pression, tels que caractéres, clichets, pierres, planches métalliques, etc. 'le plateau est formé par une planche, aux
quatres coins de laquelle sont fixées des petites pièces
de bois armées de crochets o o o o. 'ce plateau re-
cule ou avance au moyen de deux cordes qui entourent
les extrémités du cylindre inférieur, et qui vont se rat-
tacher aux crochets.

'lorqu'on veut tirer une forme, on la pose sur le plateau, et on l'assujétit avec des bois et des coins qui vont

butter contre les quatre pieces saillantes o o o o.

'la presse se compose, en outre, de trois parties, à sa-
voir, le grand et le petit timpan et la frisquette: le tout
est monté sur un châssis en bois r r , qui, au moyen
de deux charnières s s , est fixé dans sa partie inférieure au plateau da la psesse, et peut ainsi se relever et
s'abattre à volonté. 'le grand timpan q est formé par
ce châssis qu'on garni d'une pièce de soie sur la quelle
on applique la feuille à imprimer, parallelement à une
règle t adaptée au haut du timpan. 'la feuille est con-
tenaue par deux pointes p p , placées tur les deux côtés.
'elles forment, dans le papier, deux trous qui servent de
repaire, lorsqu'il sagit d'imprimer la feuille au verso.
'le petit timpan situé au revers du grand timpan, se
compose d'une pièce de soie recouverte par un carton
sur lequel roule le cylindre supérieur. 'ce carton s'a-
dapte sur le grand timpan au moyen de deux régles t t
fixées à ses extrémités. 'on l'arrète avec deux clavettes
u u que porte la règle inférieure. 'la pièce de soie dont
nous venons de parler est destinée à recevoir la feuille
de marge sur laquelle on a collé successivement des morceaux de papier, pour égaliser l'inpression, et faire ressortir les caractères qui ne viendraient pas bien. 'c'est
ce qu'on nomme, en typographie, la mise en train.

'la frisquette v v faite avec une feuille de carton est
fixée au chassis au moyen de deux charnières x x rcte-
nues par une clavette, de manière à pouvoir être enle-
vée lorsqu'il sagit de découper le carton, et former les
ouvertures y y y y qui laissent les clichets à découver
pendant le tirage. 'on peut y coller du papier, s'il arrivait que les ouvertures se trouvassent trop larges, pour

mettre les marges à couvert.

'si l'on ne tient pas à avoir des épreuves d'une grande netteté, et qu'on veuille expédier promptement le tirage, on pourra se dispenser de la mise-en-train, opération longue et qui demande de l'adresse et de l'habi-
tude. 'dans ce cas, on enlève les tympans de la presse,
et l'on substitue au rouleau supérieur un rouleau dont
voici les dimensions et la forme.

'il doit avoir la longueur de l'espace qui se trouve entre les deux jumelles i,i; son diamètre est de deux pouces et demi environ. 'il a une rainure à deux pouces
de distance de chacune de ses extrémités. 'ces rainures
sont faites pour fixer, soit les étoffes dont on le couvre,
soit le sable contenu entre une peau ou une pièce de
soie. 'dans le premier cas, on enveloppe le rouleau de
trois molletons qu'on recouvre avec une pièce de soie,
ou avec une peau souple et moelleuse. 'on fixe le tout
au moyen d'un gros fil, ou d'une ficelle qu'on serre fortement au dessus des deux rainures. 'lorsqu'on emploie
le sable, on commence par fixer fortement sur l'une des
rainures, le cuir ou l'étoffe que l'on coud serré enfor-
me de cylindre, pour que le sable ne puisse s'échapper.
'on obtiendra l'espace qui doit se trouver, entre le cylindre du rouleau et l'enveloppe de cuir ou de soie,
en donnant à ceux-ci, avant de les coudre, un quart
en sus de la circonférence du cylindre. 'après avoir fixé
l'un ou l'autre à l'une des extrémités, on remplit le vide
avec du sable, qui doit être d'une grande finesse, de manière à passer à travers un tamis de soie. 'on tasse le sable , à mesure qu'on le verse, en frappant l'extrémité
du rouleau contre terre. 'on forme une seconde ligature

sur l'autre rainure : mais auparavant, il faut avoir soin de tirer l'étoffe ou le cuir, afin qu'ils soient bien tendus. 'le rouleau ainsi disposé, on le roule à plusieurs reprises sur une table unie, afin de répandre également le sable sur toutes les parties du cylindre et de former une surface sans éminences ni enfoncements. 'on reconnaît qu'il est suffisamment garni de sable, lorsqu'il ne cède que sous une assez forte pression.

'les trois futaines où le sable se prêtant aux petites inégalités qui peuvent se trouver sur la superficie de la forme ou sur celle des clichets, donnent des épreuves, sans qu'il soit besoin de mise-en-train, ce qui épargne beaucoup de temps, surtout lorsqu'on n'a besoin que d'un petit nombre d'épreuves. 'on peut avec ces rouleaux tirer 4 clichets à la fois.

'si le plateau de la presse étoit trop bas et que le cylindre, dont on vient de parler, se trouvât trop élevé pour presser sur la forme ou sur les clichets, ou l'exhausserait, en le couvrant d'une planche suffisamment epaisse. 'enfin on mettrait entre les jumelles la quantité de morceaux de chapeau nécessaire pour régulariser la pression.

'lorsqu'on voudra se servir de la presse polytypique on enlevera les tympans, la frisquette et le porte-clichet, et on placera sur le plateau la pierre qu'on fixera avec des planchettes et des coins. 'on réglera convenablement la pression du cylindre supérieur. 'après avoir encré la pierre, ainsi que cela se pratique en lythographie, on posera légèrement le papier sur lequel doit se reproduire le dessin ou l'écriture; et après l'avoir couvert avec deux ou trois feuilles d'un papier épais, moelleux et non collé, on fera passer le tout sous le rouleau supérieur, en tournant la manivelle.

'c'est ainsi que la presse polytypique pourra remplacer la presse ordinaire de lithographie pour tirer les dessins de dimension moyenne, à la plume ou au crayon, ainsi que pour les écritures et les transports d'autographie.

'lorsqu'on voudra faire le transport sur pierre d'une gravure en taille-douce, telle que celle que l'on donne à la planche 4, on encrera à la manière ordinaire la planche en cuivre, avec une encre dont voici la composition; 4 onces de vernis fort, 1 once de savon, 1 once de colophane; broyer le tout avec du noir d'allemagne. 'on tire une épreuve sur une feuille de papier d'une pâte moèlleuse, non collée, sur laquelle on aura mis une couche de colle. 'le papier de chine est-très bon pour cet objet. 'on l'applique sur la pierre. après l'avoir laissé, pendant un quart d'heure, entre des papiers fortement humectés. 'on se sert pour cette opération d'une petite roulette en cuivre recouverte en drap. ayant un po. de large sur 8 à 9 lig. de diamètre. 'elle porte une poignée en bois, longue de 5 à 6 pouces. 'le transport sera, par ce moyen, plus facile que si l'on employait la presse. 'on détache l'épreuve après l'avoir mouillée fortement. 'on laisse sécher la pierre; on la gomme bien; on la dégomme, lorsqu'elle est sèche; on encre ensuite avec soin, et on acidule légèrement; on gomme de nouveau la pierre qui est bonne pour le tirage au bout d'une heure.

'on pourra pareillement transporter sur pierre un texte en typographie, comme on en voit un échantillon à la pl. 4. 'ainsi, au lieu d'écrire à la main les légendes et les explications que l'on met au dessous des gravures, on pourra les composer avec des caractères typographiques, les imprimer sur un papier de transport et les appliquer sur la pierre, ce qui serait bien plus expéditif et beaucoup moins couteux. les caractères, manière anglaise, de t. didot seraient très-convenables pour cet objet. je dois seulement faire observer qu'il faut se servir, pour encrer les caractères, d'une encre moins forte que celle employée pour la lithographie.

la presse polytypique sert également à tirer les planches en cuivre, gravées à l'eau forte ou en taille-douce. il suffit d'enlever, ainsi que nous l'avons dit, les timpans et la frisquette, et de mettre sur la table de la presse une planche en bois dur, sur laquelle on pose la planche gravée. on règle la pression au moyen de morceaux de feutre de chapeau placés entre les jumelles. il faut avoir soin de bien assujettir la presse sur une table solide, afin que le tirage se fasse plus commodément. on le rendrait encore plus facile en remplaçant la manivelle par une croisée. du reste on suit les mêmes procédés que ceux de la taille-douce ordinaire.

ainsi l'on voit qu'un auteur qui saurait dessiner, pourrait, en se servant de l'imprimerie économique et de la presse polytypique, rédiger son texte, le composer en caractères, dessiner sur pierre ou graver sur metal ses propres ouvrages, les tirer et les publier sans le secours de personne.

la planche 3 est le résultat d'une gravure en taille-douce, tirée sur notre presse.

'presse à planchette élastique, pl. 1 fig. 3

'cette presse est composée d'une planche a b, longue
de 3 pieds et large de 7 à 8 pouces, épaisse d'un pouce;
et d'une seconde planche, en sapin ou tout autre bois élastique. égale en longueur à la précédente, mais qui n'a
en largeur que deux po. et demi. 'cette planchette d c
doit avoir à ses extrémités 6 à 7 lignes d'épaisseur, en
augmentant graduellement de chaque côté, jusqu'à l'é-
paisseur de 9 à 10 lignes à son milieu, selon qu'on veut
avoir une pression plus ou moins forte. 'on obtient, au
moyen de cette courbe, une égalité de pression dans l'espace parcouru par le rateau ou le rouleau. 'une vis en
bois c, fixée à l'une des extrémités de la planche inférieure maintient la planchette à la hauteur convenable,
au moyen de deux écroux f g. 'à l'autre extrémité de la
planche se trouve une crémaillère h qui entre dans une
ouverture de la planchette. 'elle sert à régler la pression,
au moyen d'une languette en tôle i, que l'on fait entrer
dans les crans de la crémaillère. 'les deux traverses m m
serven tà consolider la vis et la crémaillère, et à maintenir les tasseaux qui fixent la forme, ou les clichets,
ou enfin les pierres

'le rateau qui dans sa longueur totale a un pied et demi, se compose d'un corps principal, à l'extrémité du
quel se trouvent deux poignées; il est muni d'un petit
cylindre en bois dur ou en métal l, sur lequel coule la
planchette placée dans l'espace qui se trouve au dessus.
on adapte dans une rainure pratiquée à la partie inférieure au rateau, une racle k, ou tringle de bois plus ou
moins longue, selon les dimensions du dessin qu'on veut

(55)

ti:er. 'la pierre est recouverte, pendant le tirage des
épreuves, d'une peau de veau q, dont l'une des extrémités forme une gaine qui reçoit une petite pièce de bois
carrée, qu'on place contre la pierre, et qu'on fixe avec
des bouts de planches et des coins p p, de manière à
ce que le cuir ne puisse point se déranger.

'pour procéder au tirage, on encre la pierre; on pose
le papier qu'on recouvre avec deux autres feuilles d'un
papier épais et moëlleux; enfin on rabat le cuir; on saisit d'une main le rateau qu'on pose sur le cuir, et de
l'autre la planchette, dans le trou de laquelle on fait entrer la crémaillère; on appuie, et au moyen de la languette i, on fixe le dégré de pression nécessaire. 'on
prend le rateau par ses poignées, et l'on tire à soi. 'l'é-
preuve étant obtenue, on dégage la planchette, on la
rejette sur le côté, avec le rateau qu'elle porte. 'enfin
on enléve l'épreuve et l'on continue ainsi le tirage.

'pour que la pression soit égale, il faut que le point
d'où part le rateau soit à la même distance de la pierre
que celui où il doit s'arréter; il en est de même lorsqu'on emploie le rouleau pour l'impression typographique. 'il faut aussi que la partie supérieure du rouleau
soit légérement inclinée en avant.

'la figure 3 de la même planche représente le rouleau
avec sa monture: il est destiné à l'impression typographique, et ne diffère du précédent qu'en ce qu'il porte, au
lieu de racle, un cylindre en bois o long de 8 pouces et
du diamètre de 18 à 20 lignes. ce rouleau peut être re-
couvert de différentes maniéres; soit avec trois tours de
forte futaine, ou de moëlleton que l'on entoure avec

un morceau de soie ou de peau souple et élastique. 'on peut aussi les garnir de sable qu'on introduit dans un sac cylindrique assez large pour contenir du sable très-fin ou de l'amidon, formant l'épaisseur d'une ligne au tour de la circonférence. 'on le presse et on le tasse avec un morceau de bois: à cet effet, on commence par lier fortement le sac avec une ficelle, sur une des rainures pratiquées aux extrémités du rouleau, et puis sur l'autre, lorsque le sac est suffisamment rempli.

'quoique l'on puisse faire de bons tirages avec ces différens rouleaux, après les avoir adaptés, au moyen d'une cheville de fer, au rateau ou porte-rouleau, nous conseillerons de se servir de préférence des rouleaux couverts en futaine et soie; car si les rouleaux garnis de sable et d'amidon ne sont pas bien faits, le tirage se trouve inégal.

'ayant ainsi disposé le porte-rouleau, on place sur la table de la presse, et l'on assujétit avec des tasseaux les clichets qu'on peut tirer au nombre de quatre, en même temps. 'on encre, et afin que le papier ne soit pas salli, on ne le pose qu'après avoir couvert le porte-clichet avec la frisquette. 'la frisquette, que nous n'avons pas indiquée dans la représentation de la presse à planchette, est pareille à celle de la presse à cylindre, planche 2 lettres v v et y y y. 'elle se fixe sur l'un des côtés du porte-clichet par deux charnières x x, que l'on démonte lorsqu'il s'agit de tirer des dessins ou des écritures sur pierre. 'après avoir posé le papier sur la frisquette, on place le rouleau; on fait entrer la crèmallière dans le trou de la planchette; on régle la pression et on fait le tirage, ainsi qu'il a été dit. 'on aura soin d'attacher la presse sur une table, afin de faciliter le tirage. 'il s'effectue mieux avec un rouleau d'une certaine dimension. 'on peut lui donner un diamètre de 2 po. sur 3,6 ou 7 de long, selon qu'on le destine au tirage de formats plus ou moins grands.

'pour faciliter encore le tirage, il importe de placer, au lieu de la traverse n, un petit rouleau en bois dur, d'un pouce de diamètre, dont les extrémités seront contenues entre les parties supérieures des montans qui soutiennent le rouleau inférieur et une petite traverse de bois tenue à la distance de 1 à 2 lignes du rouleau supérieur. 'on a oublié de figurer ce second rouleau, très-important pour diminuer la friction. 'la partie supérieure du rateau doit être légèrement inclinée en avant lorsqu'on fait le tirage. 'il faut avoir soin de mouiller un peu plus les bords du papier, afin d'empêcher qu'il ne forme des plis. 'cette presse ne peut être employée que pour les tirages de typographie et de lithogaphie, n'ayant pas assez de force pour donner de bonnes épreuves des planches gravées sur cuivre.

'la fig 2, pl. 2 représente une batte dont nous avons parlé pag. 13. 'elle a 6 à 7 po. sur l'un de ses côtés et 4 sur l'autre. 'une peau clouée autour d'une planche à manche est remplie de sable. 'nous indiquons ce moyen qu'on fera bien de n'employer que lorsqu'on sera dépourvu de tous ceux dont nous avons parlé. 'le tirage pourrait cependant s'exécuter passab'ement si l'on donnait deux manches à cette batte, et qu'on s'en servit en appuyant alternat.vement sur l'un et sur l'autre.

'la fig. 5 représente un sergent décrit page 11.

'fig. 4, petite brosse à mouler dont on a parlé page 11,

'fig. 5, galée. 'c'est une petite planche inclinée sur l'un de ses angles et maintenue dans cette position par deux planchettes adaptées sur deux de ses côtés. 'elle est destinée à recevoir la composition à mesure qu'elle sort du composteur. 'les caractères sont soutenus au moyen de deux rebords élevés de 4 lignes.

'fig. 6. 'rouleau à encrer. 'il a été décrit pag. 15. 'un rouleau pareil à celui-ci, étant couvert de futaine et de soie, sert aussi à tirer les clichets. 'on le fait rouler sur les caractères en appuyant par un léger mouvement de va-et-vient. 'on lui donne les mêmes dimensions qu'à ceux dont on se sert pour la presse à planchette.

'c h a p i t r e 9.

r e m a r q u e s   p a r t i c u l i è r e s.

'je présenterai, avant de terminer ce petit traité, quelques nouvelles observations, d'après les dernières expériences auxquelles 'ai été conduit en exerçant un art dont la pratique m'était inconnue.

'j'ai oublié d'avertir qu'il fallait avoir grand soin de laver les caractères avec une eau de potasse, après avoir tiré des épreuves; sans cette précaution, l'encre dont ils sont couverts se collerait au moule et le ferait manquer.

'j'ai dit, pag. 21 et 45, qu'il fallait couvrir le papier d'une toile avant de le frapper avec une brosse; mais cela est inutile lorsqu'on employe du papier mince qu'on a soin de mouiller avec une éponge, après avoir mouillé pareillement les caractères. 'j'ai dit qu'on pouvait employer du papier huilé: on doit préférer celui qui ne l'est pas; mais pour que le moule n'adhère pas, il faut que la première couche d'argile soit asse. sèche pour qu'en la comprimant avec le doigt, elle n'y laisse aucune trace. 'la seconde couche doit être encore plus ferme. 'mais le moule se détachera bien plus facilement, si, après avoir moulé avec la brosse la première feuille de papier, on applique sur celle ci une seconde feuille non collée, que l'on erduit cependant de colle, pour lui donner de l'adhérence avec la première, et que l'on bat pareillement avec la brosse. 'on peut alors se contenter de mettre une seule couche d'argile, du poids de 8 décagram., appliquée fortement avec le taquoir la brosse et le rouleau, après l'avoir encolée.

'j'ai noté, page 44, un mélange d'argile et de craie; mais l'argile seule fait d'aussi bons clichets.

'j'ai parlé, page 34, des marges nécessaires pour la formation des moules et pour celle des clichets. 'j'observerai qu'il est préférable de se servir, au lieu de carton, de bandes de laiton, larges de 6 lignes, sur une épaisseur de trois quarts de ligne. 'on colle sur ces bandes 1 ou 2 tours de papier fort.

'comme la moindre parcelle d'oxide (voy. pag. 57), suffit pour empêcher la parfaite conformation des caractères, on fera la fusion dans une cuillère percée d'un petit trou vers son bord, de manière à faire couler le métal au dessous de la superficie sur laquelle est l'oxide.

'n. 'b. 'on peut se procurer les presses et les divers instrumens employés dans la typographie et la lithographie économiques à la fabrique d'objets propres à l'instruction, de 'm.m. 'marloye et c. rue de la harpe, n. 59.

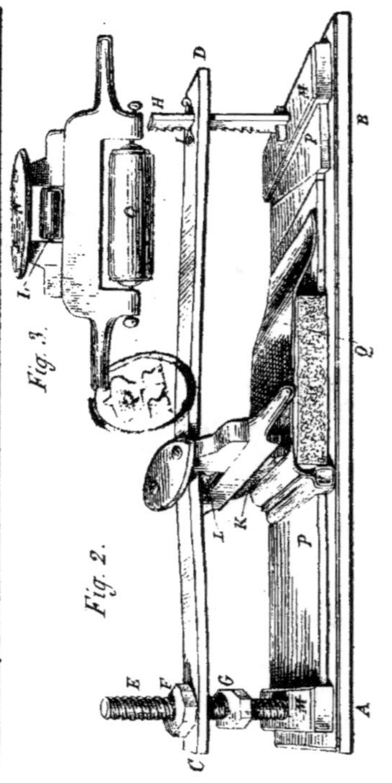

Pl. 1re.
Fig. 1re.
1 2 3 4 5 Quadrats 1re grandeur. Quadrats 2me grandeur. 6 7 8 9 0
à é è î ò ù Quadrats 3me grandeur. ae œ w fi fl
b c d a e f g h
ç j k
l m n i o p q Quadratins. Demi Quadratins.
Interlignes.
* ( ) r s t u v x
? ! y z
» - . : ; , ' Espaces de trois points. Espaces de 2 points. Espaces de 1 point. Espaces d'un point.
Fig. 3.
L
H
D
B
Q
I
M
P
Fig. 2.
E
F
C
G
A
K

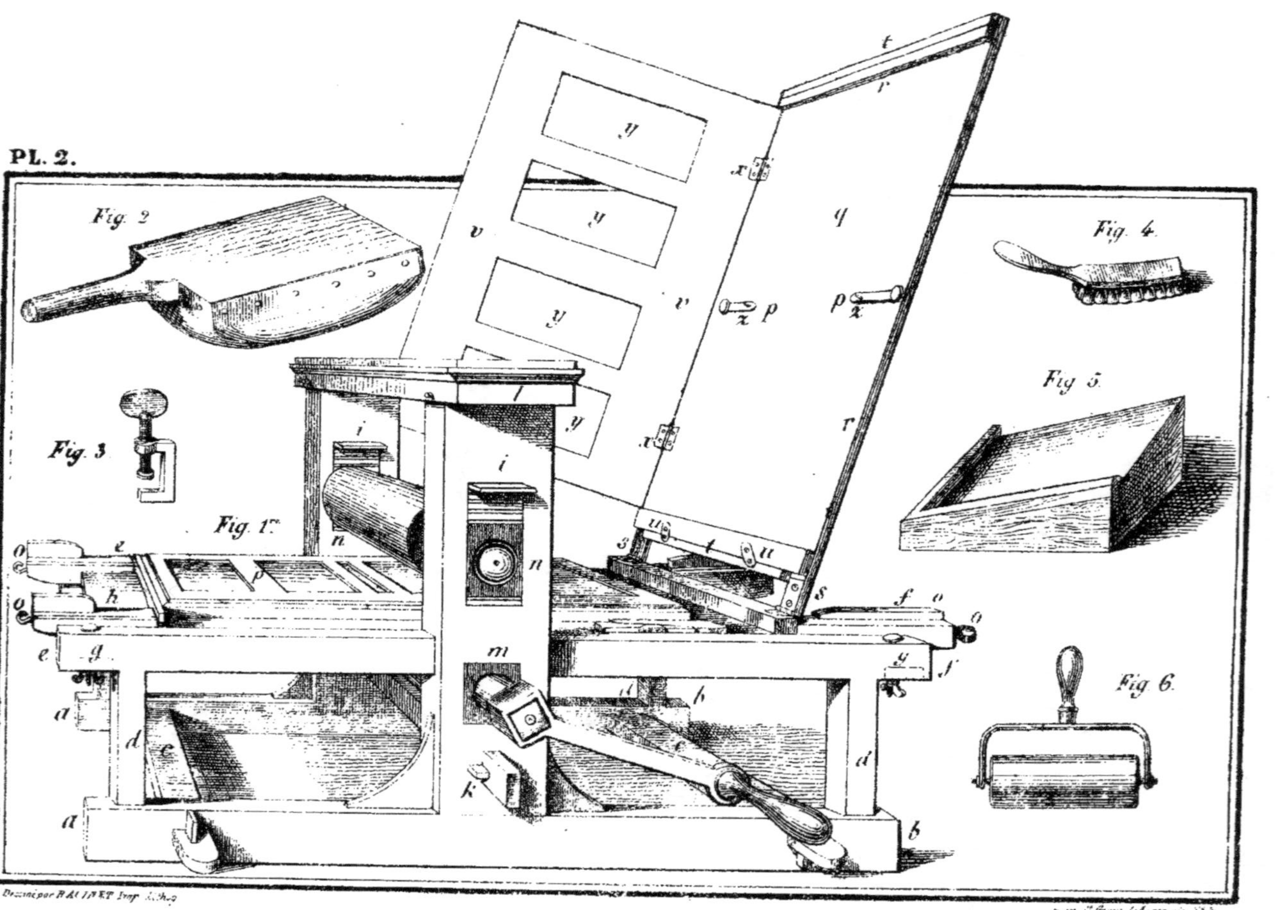

Dessiné par BALIVET Imp. Lith.

transport sur pierre d'une gravure.
et d'un texte typographique.

le sujet ainsi que le texte dont se compose cette planche ont été pris, le premier, d'une gravure sur cuivre
tirée sur papier de transport et reportée sur pierre ; le
second, d'une composition typographique, tirée également sur papier et reportée sur pierre. 'on trouve à la
fin de ce traité, la manière de procéder.

TISSOT,
Docteur et Professeur en Médecine,
Médecin de Sa Majesté Britannique, Membre de la
Société Royale de Londres, de l'Académie de Bâle, &c. &c.
Né à Grancy, dans le Pays de Vaud, le 20 Mars 1728,
Et Décédé à Lausanne, le 13 Juin 1797.

Verdine del.
Blanchard Junior Sculp.

www.ingramcontent.com/pod-product-compliance
Lightning Source LLC
LaVergne TN
LVHW010945210726
843510LV00013B/140